パラレルシフト

誰でも自在に
世界線を
選べる

天日矛
ameno hihoko

KADOKAWA

この宇宙には
無数の世界線があり
願いを叶えたあなたが
宇宙のどこかの世界線に
すでに存在しています。

不安や怖れから解放されて
やりたいことをやって
幸せに暮らす世界線へ
私たちは誰しも
軽々と飛び移っていけます。

そんな軽やかで自由な生き方のことを
「パラレルシフト」と言います。

はじめに

この本に出合ってくださり、ありがとうございます。あなたは今、「パラレルシフト」というまったく新しい生き方をはじめる世界線を選びました。

パラレルシフトとは、望む世界線へと自由に移行していく生き方です。この世界の誰もが、一つの世界線の中で生きている。そのように思っているかもしれません。

でも、実は違います。宇宙は「多次元構造」になっていて、あなたが今いる世界線と並行して無数のパラレルワールド（以下、パラレル）が存在します。私たちは、いつでも次の瞬間のパラレルを自由に選び、移動できます。

そのしくみと方法を知れば、おもしろいように、「次はこのパラレルに飛ぼう」「次はこのパラレルだ」と意図して、望む現実を選べるようになります。

……と突然言われても、こう思う人もいるかもしれません。

「現実離れしている」

「結局、これまでの成功哲学や引き寄せの法則と同じだろう」

「つかみどころのない精神論ではないか？」

私たちは長らく物質世界で生きてきたので、そう感じるのも当然かもしれません。**しかし、最先端の宇宙物理学や量子物理学の研究では、パラレルの存在、時間のしくみについて、真剣な議論がすでに展開されています。**パラレルは、もはやＳＦや映画の世界の話ではなく、現実味を帯びたリアルな話として認知されつつあるのです。
その理解に基づき、望む未来へと進んでいくのがパラレルシフトです。パラレルシフトには、特別な能力も、幸運も、知恵も、体力もいりません。性別も年齢も関係なく誰に対しても、いつも無数のパラレルが開かれています。

日本庭園を歩いたり、川を渡ったりするために、人が一人乗れるくらいの大きさの石が飛び飛びに置いてあるのを見たことがあるでしょう。あの石のことを「飛び石」と呼びます。

今この瞬間から、まるで飛び石を飛ぶように、望むパラレルへと移動してみましょう。無限の可能性の中から、自分にとって最適な世界を選ぶのです。そうして飛び石を飛び続けるうち、元いた場所から遠く離れた飛び石に到着したあなたには、成功、豊かさ、人間関係の充実、夢の実現がもたらされます。

いきなり、大げさなことを言う人間だと思われたかもしれません。しかし、いたって現実的な視点からお話ししているので安心してください。

ご挨拶が遅れました。天《あめの》日《ひ》矛《ほこ》と申します。学習塾の経営者として地域に根ざしながら、30年ほど教育の道を歩んできました。そのかたわら、「なぜ人は生まれてきたのか」「真理とはなにか」というテーマを追求し続け、今に至ります。

このテーマを追求するために行った取材内容や、取材をもとに重ねた思索を、２０２０年からYouTubeチャンネルで配信しはじめたところ、初回動画の再生数が２３０万回に到達。現在では10万人以上の方にチャンネル登録していただいています。

私自身、これまで無数のパラレルシフトを重ねながら、望む現実へと歩んできました。この本では、私が探求してきた現実創造のしくみや世界の構造についてお伝えしていきます。

　私が言うまでもありませんが、今、時代が大きく変わろうとしています。価値観がますます多様化し、一人ひとりが自分で未来を切り開いていかなければならない時代に突入するでしょう。それには、今までとはまったく違う世界観が必要です。

　この本では、現実の捉え方を１８０度変えていきます。最高の世界線を生きるには、「常識」だと思っていることをがらりと見直す必要があります。


　無限のパラレルの存在について、そして最高のパラレルを渡り歩いていく方法について、これから丁寧にお伝えしていきます。もしかすると同じことを繰り返しお話しするかもしれませんが、それは今ある概念をくつがえすために特に重要なポイントですので、最後までお付き合いをいただけましたら幸いです。

あなたがこの本を閉じるときに見える世界は、今とはまったく変わっているでしょう（しかし30年後、いや、10年後にはその新しい世界観は「あたりまえ」になっているはずです）。

あなたはいち早く、世界が変わりゆく流れをキャッチしました。だから今こうして、この本と出合う世界線にいるのです。

この本を通じて「あらゆる未来は選べる」とあなたは知るでしょう。「未来は喜びに満ちている」と確信するでしょう。

そんなパラレルへシフトするために、私が道案内をいたします。

天日矛

目次

第2章

「あたりまえ」を疑うと新しい世界が見える

第3章

望むパラレルに飛び理想の人生を叶えよ

第4章

毎瞬、毎瞬の中に無数の世界がある

ブックデザイン　小口翔平＋村上佑佳（tobufune）
イラスト　よしだみさこ
DTP　PETRICO
校正　東京出版サービスセンター
編集協力　江藤ちふみ
編集　伊藤頌子（KADOKAWA）

第1章

人生が大きく変わる世界観の書き換え

自分の可能性を見くびってはいけない

はじめに一つ質問します。あなたがこの本を手に取った理由はなんでしょうか。

新しい生き方を模索したい。
今抱えている問題を解決するヒントが欲しい。
願いを叶え、よりよい人生にしていきたい。
未知の世界に興味がある。

表面的な理由がなんであれ、この本の読者には一つの共通点があると私は考えています。それは、今の状況や世界に対してなにかし

らの違和感を持っているという点です。

「自分の人生は、このままでいいのだろうか」「今世界が進んでいる方向は正しいのだろうか」。もしあなたがそんな疑問を感じているとしたら、その感覚は正しいと言えるでしょう。

今、世界は大転換の時期を迎えています。その中で、従来の生き方に疑問や居心地の悪さを感じるのは当然だからです。

そのあなたにお伝えしたいのが、まずは、自分の持つ可能性を見くびらないでいただきたいということです。

脳は計り知れない能力を秘めている

私たちは今、この地球という星で、一つの生命体として知性を持って生きています。宇宙全体から見ればこのこと自体が驚くほど奇跡的なこと。無数の幸運と偶然が重なった結果です。

しかも、まだ気づいていないだけで、私たち人間は計り知れない能力を秘めています。それなのに、すでに与えられている「奇跡」に目を向けず、日常に追われている。これは、非常にもったいないことです。

今から新しい生き方へとシフトしていくため、真っ先に、これまであなたが自分という存在を過小評価していたことに、気づいていただきたいのです。

可能性に満ちた私たちは、いつでも望むパラレルに飛び移り、新しい世界線を選べます。ただし、その生き方を実践するには、それにふさわしい準備が必要です。なにしろ、これからまったく新しい生き方をはじめるのですから。

しかしきちんと準備できていれば、スムーズに進めます。第1章では、パラレルシフトを可能にするベースを作りましょう。

日常に追われがちな私たちでも
実は計り知れない能力があり、
誰でも新しい生き方への
奇跡のようなパラレルシフトは可能。

新しい世界観の確立と現状把握

パラレルシフトの準備でまず大切なこと。**それは「新しい世界観の確立」と「現状把握」です。世界を新たな視点で捉え直すと同時に、自分の立ち位置を正しく確認し、土台を作るのです。**

一見、地味な作業に思われるかもしれません。しかし、これほど大事なプロセスはありません。なぜなら、この二つが適切にできていないと、どれほどスキルを学んでも機能しないからです。

たとえば、世の中には、引き寄せの法則や潜在意識の活用などの成功法則がすでに多数あります。それらは真理をついており、未来を創造する原動力となり得ます。しかし、「いろいろ試したのに、今一つ成果が出なかった」という話があるのも事実です。

成功法則で結果を出せない理由

なぜ、うまくいかないのか。答えは、土台となる背景や理論がじゅうぶんに理解できていないから。どんな豪邸や高層ビルも、基礎工事がしっかりしていなければ崩れます。同じように、うわべのやり方だけを学んでも変化は起こせません。

世界観の確立と言うと、難しく聞こえるかもしれません。しかし「自分なりの世界の捉え方を定める」と思えばどうでしょう。自分が世界をどう捉えるかがあいまいでは、生き方が定まりません。

今なにが起きているのか。なぜ私たちに変化が必要なのか。なにに気づく必要があるのか。世界観の確立に欠かせないのは、自分の置かれた状況を正しく把握する視点です。

世界線を超えた人たちとの出会い

手はじめに、私が現在の世界観を確立したいきさつを、自己紹介代わりにお伝えしましょう。

もともと塾経営者だった私が情報発信するようになり、こうやって本を書いているのはなぜなのか。そのきっかけとなったユニークな体験に触れることは、あなたがこれからパラレルシフトを実践していくための、第一のトリガーとなるはずです。

話は子ども時代に遡ります。物心ついたころから、私には「生まれてきた意味を知りたい」という疑問がありました。なんとか答えを見つけたいと考え、小学6年生のときにお年玉で聖書を買って読みふけったほどです。

大学では、その問いを解決するために哲学を専攻。真剣に学んだものの答えは見つからず、社会人となってもさまざまな方法で情報を収集し、それをもとに、自分なりに思索を重ねました。

その結果、世界の成り立ちや未来予測について辿り着いた考察をシェアしたいと考え、動画投稿をはじめたのです。その後の経緯は、本書の冒頭でお伝えしたとおりです。

寄せられた
異次元コンタクト体験

動画に寄せられるたくさんのコメントを見て、私はある発見をしました。**世の中には、常識では考えられない体験をしている方が多数いるということです。**

私は「これぞ」と思う方たちに直接会って取材させていただき、その一部を動画にして投稿するようになりました。皆さんのお話は私一人の胸の内にしまっておくにはあまりにも劇的で、新しい価値観をもたらしてくれるものだったからです。

たとえば、ある日、高次元の存在からのコンタクトがあり、宇宙の真理について説かれはじめたという少年。

古代の神々や天使、宇宙存在、未来人とつながり、その叡智《えいち》を世に伝えるようになった方。

あるいは、ふとしたきっかけで異なった時空間に迷い込み、不思議な体験をして帰ってきた方……。

彼らが迷い込んだ異次元は、死後の世界、過去や未来、自分の過去世、別の惑星など、実にさまざまです。どれも非現実的な話であ

りながら非常に独創的で、しかもリアル。
まるで、映画やドラマを観るような体験談でした。

異次元体験の入り口は身近なところにある

ここでは、実際に異次元体験した人たちの例をダイジェストでいくつか挙げておきましょう。

パラレルシフトで建物が変わった?

作家のSさんが、知人のAさん、Bさんと田舎道を車で走っていたときのこと。畑の中に、白い土塀に囲まれた大きな瓦屋根の屋敷が見えたそうです。「わあ、立派な家だね」とSさんとAさんが言うと、そこが地元だったBさんが、「この家、私の実家なんです」とその家をチラリと見て、車はそのまま走り抜けました。

後日、同じメンバーでBさんの実家を訪れたとき、SさんとAさんは驚きました。以前に見た家ではなく、現代的な家になっていたからです。「あれ？　前に見た家と違う！」と驚いた二人は、試しに前に見た家を別々に描いたそうです。すると、二人が描いたのは、どちらも同じ武家屋敷風の家でした。

Bさんは、その絵を見て「これ、40年前に建て替えするまで住んでいた家です！」と驚いたそうです。

理由はわかりませんが、二人の意識がなんらかの要因で40年前の景色にアクセスしたのだと思われます。

大阪にも神戸にもAさんが？

SさんとAさんは、ほかにも不思議な体験をしています。

知人のＣさんも一緒に三人で大阪に出かけたとき、食事をしようと思っていたお店が閉まっていたので、Ａさんがショーウィンドウをスマホで撮影したそうです。

後日、ＳさんがＡさんにお店の写真を見せてほしいと頼むと、Ａさんは「私、その日は神戸でイベントに出ていましたよ？」と言うのです。驚いたＳさんが、大阪で一緒に過ごしていたＣさんに確認してみると、大阪では間違いなく三人で過ごしたし、Ａさんはお店の写真を撮っていたと証言しました。

しかし、Ａさんは神戸のイベントに参加していた様子を写真に撮っており、神戸に行っていたことは明らかです。

Ａさんの現実が二つのパラレルに分かれ、大阪と神戸に同時に存在したと思われる例です。

6月だけれど秋の夕日？

運転中に異次元に迷い込んだ例もあります。

あるとき、友人と二人でドライブしていたHさんは、ナビに従っていくうちに山道に迷い込んだそうです。

不安に思いながら未舗装の細い道を進んでいくと、急に視界が開け、古い民家や段々畑、棚田が広がる風景が見えてきました。田んぼに稲が実り、柿の実が色づいて、夕日が美しく輝く景色。まるで日本の昔話の絵本やアニメの世界のようだったと言います。その中で、籠《かご》を背負ったおばあさんが、栗拾いをしていたそうです。

見とれていると、友人が突然「引き返そう」と言いだし、車をUターンさせて、もと来た道を戻りはじめました。しばらくして友人はこう言いました。「今は6月なのに秋の風景っておかしくない？それに、まだ午前中なのに夕日が落ちているなんて！」と。

この話には、後日談があります。テレビ番組の企画で、この体験を検証したのです。

スタッフが現場に行くと、実際に集落がありました。そこにいたおじいさんにHさんたちの話をもとに描いた風景画を見せると、自分が若いときはこんな感じだったと言われたそうです。

集落の人は、昭和30年ごろのその地域の航空写真を見せてくれました。そこに写っていた景色は、Hさんたちが記憶している田畑の配置と同じだったそうです。

これらの話はすべて、私がご本人たちから直接聞いた情報です。体験者自身が語った完全な「一次情報」だということです。

もちろん、今はまだそれらの体験を科学的に証明することはできません。通常であれば、妄想や錯覚として笑い話で片づけられてしまうでしょう。

正直なところ、取材した方々の中には、信憑性に欠ける話だと感じた方もいました。しかし、皆さんの体験の内容や話しぶり、本人のお人柄などを客観的に見ると、どう考えても真実を語っているとしか思えなかった方のほうが断然多かったのです。中には、友人や家族などの第三者と一緒に、異次元体験をした人もいます。

彼らは、いわば日常のすぐ隣にあるパラレルとなんらかの接触をした人たちです。そんな方たちの話を聞いて作り上げた動画は大きな反響を呼びました。

三次元を飛び出して戻ってきた「米粒」

ボウルに水を溜《た》めてお米を研いでいると、ふとした瞬間、一、二粒の米粒が流し台に飛び出てしまうことがあります。それに気づいて拾い上げ、ボウルの水に戻すと、その米粒はほかの米と混ざり合います。

私が取材をさせていただいた皆さんは、そんな米粒のような方々です。なにかのきっかけで、私たちの住む三次元を飛び出して異次元に迷い込み、再び戻ってきた存在なのです。ちなみに、情報を寄せてくださった皆さんのほとんどは一般の方々で、特殊能力を持っているわけではありません。

彼らの異次元体験に触れ、また自分でも文献や資料を読み込んで理解を深めるうちに、私はパラレルを確信するようになりました。そして、希望を持ちました。**人間は誰もがパラレルシフトできる可能性を持っているとわかったからです。**

その確信を裏づけてくれたものがありました。それはパラレルの存在について研究している最先端の科学者たちです。

パラレルの存在を証明する「多世界解釈」

これまで現代科学は、長らくニュートンの提唱したニュートン力学に代表される物質主義を貫いてきました。わかりやすく言えば、目に見えるもの、手で触れられるものしかこの世には存在しないと考えられてきたのです。

しかし20世紀はじめ、素粒子や原子、分子などの量子を研究する量子物理学が登場。**そして近年、宇宙物理学や量子物理学の最新の研究によって、それまでの物質主義に大きな疑問が提示されはじめています。**

目には見えない世界の存在を肯定しなければ説明がつかないような研究結果が、次々に発表されるようになったのです。

この現実のほかに無数の世界がある

その代表的な学説が、アメリカの物理学者ヒュー・エヴェレット（1930〜1982）が提唱した「多世界解釈」。**ごく簡単に説明すると、私たちは今この現実世界にいるけれど、それと並行して（＝パラレルに）別の世界も無限に広がっていて、さまざまな可能性の世界（＝パラレルワールド）があるという説です。**

この理論によれば、私たち個々人の世界は無数に存在する世界のうちの一つに過ぎません。この世界では、各自の「世界線」が無数に連なっています。**世界線とは、一つの現実における過去、現在、未来の一連の連なりのことです。**

その証明はまだ不完全です。しかし今、少なくない物理学者らが、この世界に無数のパラレルがある可能性を探っています。

人生に大転換を起こす三つの理解

ここでは、最新科学が導き出した世界の構造について大事なエッセンスをお伝えします。詳細は第4章でもお話しします。パラレルシフトの足固めに、まずは以下をざっくり押さえてください。

（時間）

時間とは、人間が生み出した概念で「過去・現在・未来」と連続しているわけではない。「今」という瞬間の連続である。この瞬間、次の瞬間、また次の瞬間……と、連続しているため、あたかも過去から現在、未来と動いているように見えている。

〈パラレルワールド（パラレル）〉

この世界には、無数のパラレルが連なっている。「瞬間」の連続の中で生きている私たちは、自由に「次の瞬間」を選び、パラレルを移動できる。パラレルは、あらゆる可能性を秘め、毎瞬ごとに分岐しながら無限に広がっている。近い世界もあれば遠い世界もあり、遠くなればなるほど、移動は難しい。

〈仮想空間〉

この世はホログラムのような「仮想空間」である。量子レベルの実験では「人間が観測するまで三次元の現象は確定せず、多様な形で存在する」と結論が出ている。それに基づけば、現実世界は「私たちが認識することによって作られている」と言える。つまり世界は各人の脳内にバーチャルに存在しているに過ぎない。

概要を把握しやすくするため、難解な言葉や専門的な説明を省いて大胆に概略をまとめました。ですから、専門家から見たらお叱りを受ける部分もあるかもしれません。

しかし、この三つの軸が最新科学で解明されつつあり、パラレルシフトに必要な世界観のベースになることは間違いありません。

すぐには受け入れがたい話だと思うかもしれません。突飛な話だと思われたかもしれません。

でもこのしくみを理解できれば、天動説を信じていた人々が地動説を理解したのと同じような、そのくらいの大転換が起きるのです。そのくらいインパクトのある話をしています。

今は「そんなものか」と受け止めておくのみでかまいません。この本を読み終わるころには、今まで見ていた景色がガラッと変わっているでしょう。

時間は
「過去・現在・未来」と
連続しているわけではなく、
この瞬間、次の瞬間、
また次の瞬間……と
「現在」が連続している。

望む未来を選ぶ生き方がある

未来は、今の延長線上にはありません。未来は無数に存在しており、まだ確定はしていません。

庭園や川の「飛び石」では、石は一本の道を描いています。すべての人は、隣の石へ、またその隣の石へ……と順番に移っていくことしかできません。

しかし見えない世界、無数のパラレルが存在する世界では、石は整然と並んではいません。時間も空間も無視して、あちこちの方向に、遠くまで、無数の石が置かれています。

「隣の石」は一つではありません。360度あらゆる方向に隣の石が置いてあります。しかも隣の石に飛び移るだけでなく、隣の隣、あるいはもっと離れた石に飛ぶこともできます。

無数の飛び石の中から次に飛び移る石を選ぶ

望むパラレルにシフトするのは、無数にある飛び石の上をポンポン飛んでいくようなものだと思ってください。

私たちはいつでも、どの石に飛び移るかを選べます。ただし、すでにお話ししたように、隣り合った飛び石には簡単に飛び移れますが、遠くの飛び石に移るのは難度が高くなります。

日常で飛び石を移るとはどういうことか。おおまかなイメージをつかみましょう。

たとえば、あなたが資格試験の合格を目指していたとします。勉強するかサボるか悩んだ末に、あなたは勉強するほうを選びました。

合格したかったからです。このとき、あなたは勉強するという石の上に飛んだ。つまり、勉強するパラレルを自分の意思で選択したわけです。それは合格する世界線を選んだということです。

一方で、あなたは選ばなかったものの、勉強をサボる飛び石、不合格になる世界線もたしかに存在していました。

細かいところまで見ていけば、未来への世界線は無限に広がっており、あなたはその中の一つを常に選び続けます。そして、選んだ飛び石は、次の飛び石へとつながっていって、未来への世界線となります。

しかしこのしくみに多くの人はまだ気づいておらず、無意識のうちに安易な石を選択しています。

こう考えると、「もっと幸せになりたい」「夢を実現させたい」などの願いは、妄想でも現実逃避でもなく、実現可能な未来だとわかるはずです。**その願いは「まだ選択されていない世界線のどこか」に厳然と存在しているのですから！　そして、その世界線を選ぶのは、他でもない自分自身なのですから！**

今を起点に行きたい未来へ！

雲をつかむような話をしているわけではありません。そもそも、望む未来を思い描かなくても、私たちは自動的に、どこかの未来に到達します。なぜならこの世界には必ず、1年後、3年後、10年後の未来が存在しているからです。だからあなたがぼんやりしていても、いずれかの未来には必ず辿り着きます。

今までの時代は、望む未来をわざわざ描かずとも、じゅうぶんに幸せな人生を送ることができました。多くの人にとっては、自分が望むとおりの人生を生きるよりも、周囲に望まれたとおりに、周囲と調和し、周囲と同じように生きることがよしとされていたからです。言い換えれば、むしろなにも考えないで今に身を任せているほうが、あれこれ考えるより、幸せになれたのです。

しかし、今のような激しい変化の時代を生き抜くには、どんな未来を選ぶかを自分で主体的に考えなければ、幸せはつかめません。

逆に言えば、「今」を起点にして、あまたある未来の中から「行きたい未来」を選ぶ感覚で日々過ごせば、なにが起ころうと自分にとって最適な現実を選べます。

具体的な方法は、第3章でお伝えします。ここでは「この瞬間にも、無数のパラレルが存在する」としっかり認識してください。**普段の生活の中で「どんなときも、自分には無限にある可能性の世界を選ぶ自由がある」と何度も思い出す習慣がつけば、日常の捉え方が変わり、人生がダイナミックに変化していきます。**

パラレルはあなたのすぐ隣にある

エンタメの世界だと思っていたパラレルの存在を、少しは現実的に受け入れられるようになったでしょうか。

今はまだ、「非現実的な気がする」「なんとなくわかるが実感が持てない」と感じるかもしれません。パラレルな存在を腑に落とすのには、人それぞれのタイミングがあるからです。

ちょっとした体験の積み重ねでいつの間にか理解している人もいれば、本や映画に触れて世界観が変わる人もいるでしょう。あるいは、ふとした拍子に「悟り」のような形で、新たな世界観に目覚める人もいるかもしれません。

どのプロセスも正解であり、どのタイミングも最適です。戸惑いや自問が生まれるのは、世界観が揺らぎはじめた証拠。今は、その感覚を大事にしながら読み進めていってください。

パラレルシフトの追体験が感性を開く

実はここ数年、パラレルの概念を理解しやすい土壌が生まれています。大きな要因は、パラレルシフトやタイムリープ（時間移動）などを題材にした映画やドラマ、小説が多数作られていること。また、ゲームやVR体験の技術が進化して、仮想現実を味わいやすくなっていることも挙げられます。

それらを通したパラレルシフトの追体験は、私たちの感性を新たな領域へと開き、パラレルの概念を理解する後押しとなります。

他者の体験談で異世界に触れるのも同じ効果があります。皆さんがパラレルを追体験するきっかけの一つとして、ふたたび私のケースをご紹介しましょう。

私自身には見えない世界を感知する能力はありません。しかしこれまで多くの方から理屈では説明できない体験談を聞いてきて、また、自分でも不思議としか言えないさまざまな出来事に遭遇してきました。それらの体験は、今の世界観につながっているとともに、パラレルシフトのしくみを理解し、実践的に活用するためのベースとなっています。

これからお話しするのは、個人的な体験ではありません。**しかし、見えない世界が日常のすぐ隣にあること。そして、誰でもパラレルな世界とつながっていることに気づいていただけるはずです。**

なおこの本では、私たちの現実世界に並行して無数に存在する可能性の世界を「パラレル」、神々や宇宙存在などがいる別次元を「見えない世界」と呼びます。

世界観がくつがえった シェアハウス時代

現実世界と見えない世界が、実は隣り合わせだと私が実感するようになったのは、20代後半のころ。あるシェアハウスに住んだのがきっかけでした。

当時はまだ珍しかったシェアハウスですが、なんと住人は皆、常識を超えた能力を持つ人たち。その代表が、当時「超能力者」としてメディアにも出ていたA氏でした。

A氏との出会いは、新卒で入社した会社です。私が入ったのは一般企業ではなく、成功哲学の分野でパイオニア的な存在だった教育系の会社でした。そこに勤めていたのがA氏です。数歳年上のA氏は社内でも特別待遇でしたが、いつもフランクに接してくれました。

そしてあるとき、「自分が住むシェアハウスに空きが出たから引っ越してこないか」と誘ってくれたのです。

社内では当時、冗談まじりに「オカルトハウス」と称されていたその家では、しょっちゅう不思議な現象が起こっていました。ラップ音や謎の足音はあたりまえ。「余興」と称して住人どうしで霊視をしたり、超常現象を起こしたりしていたのも、今となっては懐かしい思い出です。

はじめての見えない世界は全然怖くなかった

当時の私にとっては驚くことばかりでしたが、怖いと感じたことは一度もありませんでした。**その理由としては、住人の誰もが宇宙の真理や見えない世界に対して敬意を抱き、謙虚な姿勢を持っていたからだと思います。**

今も印象に残っているのが、A氏に「宇宙人からもらった石」を見せられたときのこと。それは手のひらに載る大きさで、独特な黒光りを放つ石のオーラと存在感は、それまで見たどの石とも違っていました。常識で言えば「宇宙人からもらった」とは荒唐無稽な話です。私も理性では「まさか」と思っていました。しかし直感的に「そうに違いない」とも感じていました。

後日、関東のとある大学の研究室でその石を分析してもらうと、石を構成する元素自体は地球に存在するものの、原子構造は地球上ではありえないものだとわかりました。

私がいたのは特殊な環境ではあったでしょう。しかし、一見「ごく普通の人たち」が実は見えない世界と密につながっている。そのリアルな様子を間近で見たのは、私の世界観を変えるのにじゅうぶんな経験でした。

現実世界に干渉する見えない世界

見えない世界がこの三次元に干渉し、日々さまざまな形で「存在していますよ」とサインを送っているのはたしかです。

たとえば、直感やふとしたひらめきも、見えない世界からのサインの一つだと私は考えています。また、偶然の出会いやアクシデントなども、見えない世界が関わっている場合があります。

そういったひらめきや現象をきっかけに、思わぬ変化が起きることがあります。私自身、ふと訪れた直感によって、人生に思いもよらぬ展開が訪れました。

塾経営をしていたことはすでにお話ししましたが、それと並行して、私は40代のころに数年間、ある神社の神主を務めた経験があります。これは今考えても不思議なパラレルシフトでした。

資格も経験もないのに神社の神主に

ある夜、私はなぜか突然ドライブに行きたくなりました。普段、そういった衝動に駆られることはありません。しかし、その夜はどうしても出かけたくなったのです。あてもなく走っていると、自宅から1時間ほどのところで、ある神社が目に留まりました。丹塗《にぬ》りの拝殿が美しいその神社は、私の印象に強く残りました。

その数日後のことです。ある集まりに行くと、そこには偶然、先日見かけた神社のオーナーが参加していました。オーナーが言うには、神主が退職したため後継者を探しているとのこと。不思議なことに、私は「では、私がやります」と言っていたのでした。神職の資格もないのに、大胆な発言だったと今でも思います。しかし気がついたら、言葉が口から出ていたのです。

その神社は神社庁に属していない単立系の神社だったため、資格のない私でも神主になれました。その後、独学で祝詞《のりと》や御神事の作法を習得。驚くほどスムーズに神職に必要な知識を吸収でき、私は神主の役目を果たすことができたのでした。塾での授業経験のおかげで、参拝客への講話にもすぐ慣れ、充実した数年間を過ごすことができました。

虚空から落ちてきた一枚の１００円玉

実は、そのドライブに出かけた数日前にも、私は説明しがたい体験をしていました。お風呂で髪を洗っていたときのこと。いきなり空中からなにかがチャリンと落ちてきました。なんだろうと拾い上げてみると、それは一枚の「100円玉」だったのです。あり得ないと思うかもしれませんが、思い違いではありません。その証拠に、現物は今も私が持っています。

そのときは「不思議なことがあるものだ」と首をひねって終わりでしたが、あとでハッとしました。あれは、私が神主を務めた神社の賽銭箱に投げ入れられたお賽銭ではなかったのだろうかと。

つまり、そのころからすでに、神社と私は別次元でつながっていた。**そのつながりが現実世界で結ばれることの予兆を感じさせるために、見えない世界を通じて、100円玉が私の元に送り込まれた。そう考えると、辻褄《つじつま》が合うように思えたのです。**

私は自分の体験を特別だと言いたいわけではありません。**伝えた**

いことはごくシンプルで、見えない世界は歴然とあるということ。
そして見えない世界からは、常になんらかの働きかけが届いていて、パラレルシフトのきっかけになるということです。

思い返してみてください。あなたも、理屈では考えられない不思議な出来事に遭遇したことはないでしょうか？　ドラマチックなことでなくてかまいません。私たちの元には、常に見えない世界からのサインが届いています。あなたがこの本を取ったのも、そうしたサインがあったからかもしれません。

ここまで、新たな世界観を構築するための情報をお話ししました。パラレルシフトには、もう一つ欠かせない準備があります。変化を起こすには、自分の現在地を知らねばなりません。そこで必要なのが「現状把握」です。私たちが今どんな時代に生き、どんな状況に置かれているのかを次の章で見ていきましょう。

第2章

「あたりまえ」を疑うと新しい世界が見える

船のデッキから外を見よう

今、時代は大きくうねりながら未来へと向かっています。世界的な感染症をきっかけに、私たちの日常は激変しました。気候変動や戦争勃発、超格差社会など、さらなる変化が怒涛のように押し寄せています。

ここで想像してください。**私たちはみんな、地球という名の大型客船に乗って、大河を進みゆく乗客たちであると。**ただし、船のデッキは基本的に立入禁止です。出られるのは、ごく一部の限られた人だけで、ほとんどの乗客は客室の中にいます。

デッキに出れば、天候が荒れ狂っているのも、船の横で巨大な黒い渦が発生しているのも、行く手を大きな岩が遮っているのも、すべて一目瞭然です。しかし客室からその様子を見ることはできません。大波で船体が揺れていますが、そこにいる全員が自分と同じように揺れているので、客室の人にはさほどの危機感はありません。

大河を見なければ賢明な選択はできない

大河の流れはますます激しくなるのに、船の客室では昨日と同じ日々が続いている。今の地球はそんな状況です。そんな中、「外ではなにが起きているのだろう」「デッキへ出て、自分の目で船の状況を確かめたい」とデッキへの扉を探す人々が増えつつあります。この本を手にしたあなたも、その一人かもしれません。

船はどんな状態なのか。どこへ向かっているのか。それを把握しないことには、賢明な選択はできません。

今、世界でなにが起きているか

船のデッキへ出た人は、きっとこう思うでしょう。「変わるべき時代が来ている」と。

なぜ、変わるべきなのか。まず人間社会が経済活動を優先してきた結果、環境破壊の問題は抜き差しならないところまで進んできました。また、戦争や紛争も世界各地で続いています。それらの影響によって食糧危機やエネルギー危機もますます深刻化し、経済格差も過去最大級となっています。そうした状況下で多くの尊い人命が奪われるのは、なにより悲しいことです。

こうした事態について、船内でのんびりと過ごしているだけでは

なかなか気づけないし、深刻な問題として受け止められないのが現実です。

デッキに出て、自分の目で状況を見て、船内に伝えようとする人がわずかにでもいるからこそ、私たちは朧気《おぼろげ》ながら現状を把握しています。ただし、私たちが受け取る情報の中には、船内放送係によって多少捻じ曲げられて伝わっているものもあるかと考えます。

シンギュラリティと私たちの未来

ところで、今の私たちが直面している問題はそれだけではありません。先に挙げた問題以外に、私が今、特に気になるのは「シンギュラリティ」の到来です。シンギュラリティとは、ＡＩ（人工知能）の知能が人類のそれを超える技術的特異点を指します。ＡＩには自己学習、自己修正の機能があります。理論上、ＡＩは人の手を借りずに進化し続け、最初は一人の人間の知覚を補助する程度だった機能がどんどん拡張。全人類の知能を超える日が来ます。

そこに量子コンピュータの実用化も加われば、もはや桁違いの領域に突入します。量子コンピュータとは、量子力学の原理を計算に用いた未来の機器です。従来のコンピュータの約1億倍の処理能力を発揮し、一説によると人間なら1000年かかる計算をわずか数秒で終えられるとも言われています。2040年までに実用化されるとの説が有力ですが、そのタイミングがもっと早まる可能性もじゅうぶんです。その後は、そうした驚異的な能力によって、社会システムが構築されていくこととなります。

アメリカの未来学者、レイ・カーツワイル（1948〜）の予想によると、ＡＩが人間の知能を超えるのは2045年とのこと。しかし現実には、それよりずっと早いタイミングとなるでしょう。日常のさまざまな場面でＡＩが用いられつつあることに、あなたも気づいているはずです。

ＡＩの爆発的進化で社会は一変する

ＡＩの進化に伴い、まもなく大きな問題が起きます。それは今ある仕事の多くが不要となっていく、ということです。この勢いが加速することはあっても、止まることはないでしょう。仕事のあり方が一変した未来、私たちはアイデンティティの危機に晒され、「なんのために生きるのか」を根本から見直さざるを得なくなります。

また、さらに深刻な未来も懸念されています。その一部を挙げてみましょう。

・ＡＩで生成されたニセの情報によって社会混乱が起きる
・特権階級にＡＩの力が集中。一部の階級による超管理社会となる
・ＡＩによって開発された化学兵器や新薬が戦争に利用される
・ＡＩへの過度な依存によって、人の持つ能力が衰退する
・ＡＩには倫理観や愛情がないため、暴走すると歯止めがかからず非人間的な行為によって人類が滅亡する

今は単なる未来予測とはいえ、この予測が現実になる可能性は否定できません。

人工知能の進化の速さと可能性は計り知れません。今から約50年前、アメリカの工学者で実業家のゴードン・ムーア（１９２９〜２０２３）は「半導体の集積度は18カ月で2倍になる」と述べました。集積度とは、同一面積の半導体チップに組み込める部品（トランジス

タ素子）の数のことです。集積度が2倍になるとは、要は処理能力が2倍になるわけです。**この予測は「ムーアの法則」と呼ばれ、実際に今も約2年ごとに2倍のペースで半導体技術は進化し続けています**。このようにコンピュータのハード面が凄まじい進歩を遂げるにともなって、ソフト面であるＡＩも、同様に加速度的に進化するのは明らかです。

食べるために仕事をする、仕事をするために生きる、というアイデンティティが崩壊する代わりに、環境破壊、戦争、経済格差をなくすために一生を捧げる人がもし仮に増えたなら、先に挙げた問題は快方に向かうのかもしれません。

そうした未来の実現は、倫理観を持たないＡＩにはまだ任せられません。未来は、一人ひとりがどんなパラレルを選択するかにかかっていると、私は考えています。

（情報革命がもたらす未来とは

未来をさらに見通すために、ある社会学者に登場してもらいましょう。アルビン・トフラー（1928〜2016）は1980年、世界的ベストセラーになった『第三の波』でこう述べています。

人類史上、これまで二つの大きな波があった。第一の波は、農耕牧畜の始まりによる農業革命。これによって定住生活が始まり、貧富の差や国家が生まれた。第二の波が産業革命。科学技術の飛躍的成長によって工業化社会が到来し、人々の生活が近代化した。そして、第三の波である情報革命が1990年代に到来。IT技術の発達によって情報化社会が訪れるだろう。その際、コンピュータを使った在宅ワークが普及する……。

情報革命の本格的なスタートは、実際にはもう少し遅く、21世紀に入ってからでした。しかしその慧眼《けいがん》を疑う余地はありません。

予言された資本主義の崩壊

トフラーは、第三の波と前後して、社会主義が崩壊することも予言していました。社会主義国はまだありますが、ソ連（現ロシア）は1991年に消滅しました。

彼はまた、資本主義の崩壊も予言しています。資本主義の終焉に伴い、国家や企業などの枠組みは力を失い、個人レベルでの多様な価値観が重視されるようになる。彼は、そう述べたのです。資本主義の崩壊はまだ現実化していません。しかし、説得力のある「未来予測」ではないでしょうか。

資本主義が崩壊するなんて極論だと思うかもしれません。しかし、今世界で起きている事象を見れば、この社会システムの限界点が近づいていると言わざるを得ません。私自身は、彼のこの予言は遠からず現実になると見ています。

船を乗り換える人が増えていく

私は不安や怖れを煽《あお》りたいわけではありません。また、将来を悲観しているわけでもなく、むしろ未来に希望を持っています。なぜなら、これまで出会った方たちから聞いた未来の話、自分なりに精査してきた情報、それらをもとに考察すれば、人類はこれから今まで予想もしなかった明るい世界に進みゆくとしか思えないからです。

次の章ではパラレルシフトの具体的なやり方をご紹介します。パラレルシフトとは、未来の自由な選択。言い換えれば、船そのものの乗り換えです。今の船のまま、現状に気づかぬふりをするのではなく、船を乗り換え、主体的に望む未来を選び、未来を実現するための生き方を選ぶのが、パラレルシフトの真髄です。

私たちはこの数年で、人によって選択の基準や価値観がまったく違うということを学びました。**どこに住み、なにを食べるのか。職業、資産、教育はどうするのか。どんな医療を選ぶのか。「最適解」は一人ずつ違い、万人共通の最適解などありません。**

これからますます、その傾向は加速していきます。なにを最適解とし、どんな現実を選択するのか。それは自分自身でしか決められません。逆に言えば「自分で選びたい放題」だということです。

見えない世界を感じる力はすでにある

あなたは今、こう感じているかもしれません。

「変わらなければいけないことはわかった。でも、自分にパラレルシフトする能力があるとは思えない。なにしろ、見えない世界があるといっても体感がないじゃないか……」と。

そう感じるのも無理はありません。私たち人間は、肉体に縛られています。これまで、自分の視覚・聴覚・嗅覚・触覚・味覚を使って世界を感じてきた私たちにとっては、五感から得られる情報こそが世界のすべてでした。だから、五感で見えない世界を「キャッチできない」と感じるのは当然なのです。


しかし、五感では感じ取れない世界も確実にあります。新しい世

界観を得るために注目すべきは「五感の外」です。

「五感の外」を感じている生き物たち

五感の外とは、なにを指すのでしょうか。たとえば、超音波や放射線は見ることも聞くこともできません。赤外線や紫外線も、あるいは、電波や電磁波も五感ではキャッチできません。でも確実に存在しています。

イルカやコウモリが超音波で会話したり、位置を把握したりしているのは有名な話でしょう。あまり知られていませんが、モンシロチョウは紫外線を利用して、別の個体の性別を判断します。

なぜ、人間には彼らのような感覚がないのかというと、生命を維持するうえで必要なかったからです。しかし私たちが感知していないだけで、超音波も紫外線も存在しています。

この事実は、大事な示唆を含んでいます。**普段、私たちが五感で感じている世界を超えた別の世界が、すぐそこに広がっている。見えないけれど、そこにはたしかにあるということです。**

感性を開き、いつもの世界の外を感じようとする姿勢でいると、新たな気づきが得られます。言い換えれば、それまでよりも格段に広い世界観を手に入れられるわけです。

日本人は見えない世界とつながってきた

五感では感じられなくとも超音波や紫外線が存在するならば、パラレルが「ない」とは言い切れないと思いませんか。

そもそも私たちは、目に見えない世界と、ごくあたりまえのこととしてつながっています。なにか叶えたいことがあると神仏や先祖に祈りますし、美しい景色を見ると、自然と手を合わせたくなるものです。また、お盆やお彼岸の行事に象徴されるように、多くの人が魂の存在を信じています。

歴史を振り返れば、偉人と称された人々や優れた経営者、政治家、芸術家たちは共通して、見えない世界と深い関わりを持っていました。そうした例は枚挙にいとまがありませんが、たとえばパナソニック創業者の松下幸之助氏（１８９４〜１９８９）が椿大神社（三重県鈴鹿市）に通っていたことはよく知られています。また高麗《こま》神社（埼玉県日高市）は多くの政治家が参拝している神社で、参拝に訪れた政治家のうちの６名が首相になりました。

こう見てくると、見えない世界に対する感性自体はあなたもきっと持っていて、パラレルシフトの素地はすでにあるはずです。

鉄格子ではなく、その先の宇宙を見よ

今まで見てこなかった世界を見ようとすることの大切さを、別の角度からも考えてみましょう。

ある牢屋に、二人の囚人が収監されていました。

二人とも同じ方向を向いていましたが、その視線はまったく別のところを見ていました。一人は「鉄格子そのもの」を。もう一人は鉄格子の向こうに広がる世界、深遠な宇宙を見ていたのです。

このエピソードは、なにを言わんとしているのでしょうか。

目の前の鉄格子だけを眺めている囚人は、この現実世界にどっぷりひたり、目に見える世界だけを見て、目に見える次元の日常生活を送って、一生を終える人を表しています。

目に見える世界でも、就職や結婚などのライフイベントは体験します。また、旅行や食事を楽しんだり、趣味に没頭したり、家族や周囲の人と有意義な時間を過ごしたりと、自分なりに充実した時間を過ごせるでしょう。

しかし、あくまでもそれだけの範囲の人生でしかありません。

一方の、鉄格子の外に広がる宇宙を見つめていた囚人は、どんな人を示しているのでしょうか。

鉄格子の外に目を向けるとは、「ひょっとすると、自分が今いる世界の向こう側には、もっと広い世界、目に見える世界とはまったく

違う世界があるのではないか」と考えて、実際に見てみようとすること。言わば、現実の外側への意識の拡大です。

鉄格子の外には、深淵で美しい宇宙がありました。それと同じように、今の自分がいる世界の先には、実は果てしない可能性が無限に広がっているのです。

鉄格子の外の世界を見る二つのメリット

この激変の時代では、「どの位置に立って、なにを見るか」が生き方を大きく左右します。

変化も自由もいらない安泰な時代。個人的にはそれなりの紆余曲折があったとしても、大多数の人と同じ枠組みの中で一生を終えていく時代であれば、隣の人と同じ位置でいつもと同じように、すぐそこに見えるものを見ているだけで問題はありませんでした。

しかしこれからの時代は、一人ひとりの「最適解」が違ってくるのでしたよね。**自分だけの最適解を見つけるには、誰もがそれぞれの視座から、鉄格子の外側に広がる宇宙を見渡す必要があります。**

時代の流れは本当に速く、世の中の常識や、一般的なものの見方というのはみるみる変わっていきます。「常識的」「一般的」と言われている見方も、ほんの少し時間が経つと、常識ではなくなっていきます。

みるみる変化してゆく世界の常識にキャッチアップし続けるのは至難の業です。そうやって変化に振り回されているよりも、自分にとってしっくりくる視座と見方で、目に見えない世界と向き合えるほうが断然生きやすいはずです。

鉄格子の外の世界に気づくと、世界が広がるだけでなく、自分にとってしっくりくる生き方へのシフトが促されます。

すべての常識は「常識」ではないか？

新たな視点で世界を見ようとしているあなたに、二つの提案をしたいと思います。

まず一つ目は、すべての常識に〝カギカッコ〟をつけようということ。常識とは、もはや常に正しい知識ではありません。常に正しい「とされている」知識です。そのことを忘れないように、私は常識という言葉を見聞きするときにはいつも脳内で、「常識」というようにカギカッコをつけています。

常識だと言われていること、一見あたりまえだと思われる事柄について、いつでも「本当にそうだろうか」といったん立ち止まって考えてみることです。

多くの人たちが信じていることを、「みんなが信じているなら」「テレビで報道されているなら」と言って無条件に受け取ってしまっていませんか。「常識」に対して、思考停止していませんか。

自分なりの感性や知見で、その「常識」を見直す習慣をぜひ意識してみましょう。

「常識」を超えた異世界からのメッセージ

もちろん、むやみに批判的な態度を取ったり、非常識なふるまいをしたりすることを勧めているわけではありません。人間は社会的な動物です。安全な集団生活に必要なルールを守らずに独りで生きることはできません。

しかしその一方で、パラレルシフトしたいと望むなら、「違う見方はできないか」という積極的な疑いの目が欠かせません。

実際、この世には、「常識」では考えられない事象や世界が驚くほどあります。そこでは、人間社会の「常識」とはまったく違う原理で物事が動いています。

その原理とは、どんなものなのか。

たとえば、私のYouTubeチャンネルには、３００年後から来た未来人、古代エジプト神をはじめとする国内外の神々、死後の世界の住人など、さまざまな存在からメッセージを受け取っている方たちが登場します。

彼らが伝えてくれる考え方や法則は、私たちの「常識」とは大きく違っています。人間の捉え方も、大切にすべき心の持ち方も、現実の作り方も、地球のルールにはまったく当てはまりません。それにもかかわらず、彼らの示す考え方やあり方は、人生をダイナミックに生きる知恵に満ちています。

それらに触れると、地球での「常識」の中だけで一生を終えるのは、本当にもったいないことだと痛感します。

「常識」を見直すと自由な感覚が手に入る

例を挙げましょう。人間社会には時計があり、私たちは時間の流れに従って生きています。しかし三次元の外にいる彼らは、時間など軽々と超越しています。そんな世界を見せられて、私も「時間とは人間が作った概念に過ぎない」と気づかされました。

当然ながら、社会生活を営むうえでは、時間も時計もなくてはならないツールです。しかし時間の流れという概念からいったん離れて、時間を「瞬間」の連なりだと捉えられると、もっと自由に生きられると思いませんか。これについては、第４章でくわしくお話しします。パラレルシフトを行ううえでとても大事なテーマです。

コンフォートゾーンを出よう

二つ目の提案は、「コンフォートゾーン」から一歩出てみようということです。コンフォートゾーンとは文字どおり、自分にとって快適な領域のことです。言い換えれば、なんとなく無意識で過ごせる世界とも表せます。

たとえば朝、顔を洗い、歯を磨いて、着替える。この作業をいちいち意識してやっている人はいません。ほとんど自動的に動いています。このように私たちは、望むか望まないかにかかわらず、日々の多くの時間を無意識の状態で過ごしています。無意識で過ごせる領域とは、困難や面倒のいっさいない心地よい世界です。

無意識の日常から意識的に生きる未来へ

コンフォートゾーンで生きるとは、要は、今までの流れに沿って生きるということです。その先には、これまでと同じ未来が延々と続いていきます。

それも一つの選択ではあるでしょう。

しかし、そうした変わらない現実世界と並行して、別のパラレルも無数に広がっている。私たちは自分で意識すれば、毎瞬ごとに生きる世界を選べるのです。

ただ無意識のままに過ぎていくコンフォートな日常から、意識的に未来を選ぶ人生にシフトしていく未来を、私は提案したいです。

新しい生き方にシフトするには、最初はある程度の労力が必要です。飛行機が離陸する際に、たくさんのエネルギーを使うのと同じです。とはいえ、まったく別次元の人生が手に入るのですから、それだけの手間と時間をかける価値はあります。

コンフォートゾーンを抜け出すのに、特別な能力はいりません。たとえば、外に出かけるのか家で過ごすのか。ゲームをするのか読書をするのか。誰かに会いに行くのか行かないのか。そうした選択は誰でもやっています。

コンフォートゾーンを抜けるか否かも、究極的には同じようなもの。**毎瞬、毎瞬、選択の作業を意識的にやっていけばいいだけです。**

第2章を読み終え、準備は整いました。あなたは「意識的にパラレルシフトをする」という世界線につながりました。次の章ではいよいよ、パラレルシフトの具体的な方法を学んでいきましょう。

第3章

望むパラレルに飛び
理想の人生を叶えよ

不器用な私が学んだパラレルシフト術

さあ、パラレルシフトの実践です。

先にお伝えしておきたいのですが、私は決して器用ではありません。むしろ不器用なほうです。動画投稿の世界と出合い、生きたかった世界線を進んでこれたと実感したのは50代後半ですから、どちらかというと遅咲きです。見る人によっては、遠回りの人生に見えるかもしれません。**しかし、その途上では私はいつも一生懸命でした。だからまったく後悔はありません。**

リアルな体験の中で得てきた学びに基づいて、私だからこそ伝えられるパラレルシフトのポイントを七つにまとめました。なにかしらの気づきを得ていただけますと幸いです。

パラレルシフトの七つのポイント

- ○なにより大切なのは、直感
- ○最善の選択肢はいつも目の前に
- ○迷ったときは情熱で飛ぶ
- ○どんな飛び石にも学びがある
- ○飛べば思わぬ脚力がつく
- ○理想の未来に向かって進む感覚で
- ○その一飛びに集中する

パラレルシフトの
ポイント1

なにより大切なのは、直感

30年以上も塾を経営していたせいか、堅実な人間だと言われることもあるのですが、実はそうでもありません。

幼いころから、自分の直感をなにより大切にしたい性分だった私は、「常識」で考えればそちらには進まないだろう、というような選択をしたことも多くありました。

そういう場面での私はいつも「直感で選んだのだから、必ずなんとかなる」と、ただただ楽観的に考えていました。

結果論的ではありますが、直感に従ってきたおかげで、私は常に最善のパラレルシフトができたようです。

最初に「直感で選んで正解だった」と実感したのは、就職先を選んだときです。人生の疑問を解決しようと、哲学科のある大学を選び、実際に哲学を学んでみたものの、求めていた答えは見つかりませんでした。当時の私は、モヤモヤした気持ちのまま、大学卒業の時期を迎えようとしていました。

大学院に行く道もあったのですが、あと2年間勉強を続けることに魅力を感じられませんでした。大学院に進学しないなら、働かないわけにはいきませんが、かといって、普通に就職する気にもなれません。

ネットのない時代、学生用の就職情報誌ではなく、社会人向けの転職情報誌の中から私が選んだのが、先述した教育系の会社です。

勤務地は東京で、営業職として中途採用。九州の国立大の新卒で、しかも哲学科出身の私は異色の存在でした。

30代の人に交じって研修を受けた後は総務部に配属され、のちに翻訳や取材なども任されるようになりました。

上京する際には、両親からも知人たちからも「なぜ、わざわざそんな会社に」と言われました。しかし迷いはありませんでした。求人案内に書かれていた「能力開発」の言葉を見て、ここなら自分の関心に合った経験ができそうだと直感的に感じたのです。

結果的に、この判断は大正解。A氏をはじめとして、普通の会社では会えない人に出会え、貴重な経験を積めました。

さらに、中小企業の総務として社内全体を多面的に見渡すこともできました。

第1章でパラレルシフトのことを、「無数の飛び石の中から、次に飛び移る石を選ぶ」ようなものだと喩《たと》えました。

就職先を決めたときも、未経験で地縁もないのに塾をはじめたときも、神主になったときも、動画作成をはじめたときも……。**振り返れば私は、隣の飛び石ではなく、けっこう遠くの飛び石に思い切ってジャンプしていたようです。**

私の経験上、直感がGOサインを出していれば、飛び移りたい石までの距離が多少遠くても、パラレルシフトを躊躇《ちゅうちょ》する必要はありません。そのパラレルを生きてみたいとあなたが心から望んでいるなら、意外と軽々と飛び移れます。

特に20代のころの私は、人から見たら無計画な生き方だったかもしれません。でも無計画であったにもかかわらず、悔いの残る選択は一度もなかった。

自分の直感を無視することがなかったからです。

パラレルシフトの
ポイント2

最善の選択肢は いつも目の前に

なにかを直感で選ぶ際に、あなたが「配られたカードの中に最善の選択肢がある」と信頼できているかいないかで、結果は大きく変わってきます。

たとえば「家庭の事情で希望する進学ができない」「職場でやりたい仕事をさせてもらえない」のように、自分の望みはハッキリしていて、でもその望みを叶えるのに適した選択肢が見出せない場合もあるかもしれません。

そんなときは、実は置かれた環境の中に最善の選択肢があるのだと考えてみてください。

そうして選んだ道が本当に最善の正解だったかどうかは、すぐにはわかりません。**しかし「人間万事塞翁《さいおう》が馬」という言葉があるように、不運だと思ったことが幸運になったり、逆に幸運だと思ったことが不運になったり、人の運命は予測できないものです。**

それであれば「目の前に、最善の選択肢がある」と信じて、選んだ道を信じられるほうがいいですよね。

ところで私自身は、新卒で入った会社について、就職した瞬間には最善な選択肢だとは捉え切れていませんでした。しかし今は、最善の選択だったと確信しています。

そう思えるパラレルに移行する秘訣は、どんな飛び石を選んだとしても、飛び移った先で一生懸命に過ごす姿勢です。

パラレルシフトの
ポイント3

迷ったときは情熱で飛ぶ

チャンスだと思ったら勇気を出して行動する。これもまた、パラレルシフトの大事なポイントです。

特殊能力を持った人が集まったシェアハウスに住んでいたことは、すでにお話ししました。実はこの引っ越しは、私にとっては少し勇気のいる決断でした。というのも、これもお話ししたように、誘ってくれたA氏は当時の私にとっては「雲の上の人」だったからです。

Ａ氏には日ごろからよくしてもらっていたものの、同居となるとさすがに気後れします。しかも超個性派の住人の中で「一般人」は私だけでした。

しかし、私は思い切って誘いを受けました。Ａ氏や住人たち、そして見えない世界に対して強い興味があったから。そういった世界を探求することが、「人はなぜ生きるのか」「なぜ生まれてきたのか」という長年の疑問を解決するヒントになると考えたからです。

だから、「これはチャンスだ」と、新たな飛び石にパッと飛び移る決断ができた。新しい世界に飛び込めるだけの情熱が自分の中にあったということです。

あなたが情熱を感じること、解決したいこと、得たいことはなんでしょう。それを常に意識していれば、いざというときに迷わず移行すべき世界線を選べます。

パラレルシフトの
ポイント4

どんな飛び石にも学びがある

塾の経営をしていた時代、私が学んだのは「努力する姿勢があれば、挫折もパラレルシフトの糧になる」という事実です。

私が経営していた塾は、小学生から高3まで幅広く在籍する地域密着型でした。会社員時代に学んだ能力開発テクニックも取り入れていて、周囲から見れば一風変わった塾だったでしょう。ありがたいことに口コミでの入塾が多く、気づけば塾を開いてから30年以上が過ぎました

（今は私は一線を退いています）。

まだ塾生が少なかった創業当初、生徒たちと釣りやサイクリングに出かけたのもいい思い出です。初期の生徒たちは就職氷河期で苦労し、今は40代半ばです。彼らが、医師や歯科医、大学職員、農業職、銀行員など、それぞれに専門性を持って活躍しているのは私の大きな自慢です。

塾の教育方針は創業以来ずっと同じで、生徒たちに自分の生まれ持った能力を最大限発揮してほしいということでした。

毎年の受験では、全員に望む結果が出るわけではありません。ただ私は、少々乱暴な言い方かもしれませんが、結果が駄目なら駄目でいいと考えていました。だから、第一志望に落ちた生徒の保護者の方々にも「結果はどうあれ、がんばった本人をほめてあげてください」と言っていました。

もちろん目的は合格ですから、不合格であればそのときは残念です。でもそれよりも、思春期の大切な時期を自分なりに最善を尽くして過ごしていれば、その時間は本人の大きな財産になります。受験勉強という経験を通して、彼らなりに人生の学びを得てほしいという思いが、私にはありました。

今でもたまに卒塾した生徒が訪ねてきて、「あのときがんばった経験が、今役立っています」と言ってくれます。自分の教育方針は間違っていなかったと思える瞬間です。

歴代の塾生たちが教えてくれたことですが、目の前のことに真摯に向き合ってさえいけば、どんな現実からも人は必ず学びと恵みを得られます。人生では不遇のときもありますが、それでも、その逆境の中には貴重な学びや恩恵がある。その学びは、次の世界線への原動力になります。

パラレルシフトのポイント5

飛べば思わぬ脚力がつく

本書の冒頭でお話ししたように、私のYouTubeチャンネルでは、最初にアップした動画がまさかの230万回再生を突破。今では登録者数10万人以上のチャンネルに育っています。

「ラッキーでしたね」と言われますし、実際そう思いますが、これには一つの背景があります。

私が動画作成をはじめたのは、このチャンネルの開設より5年ほど前でした。これからの時代では動画の授業が流行すると予測し、一人で授業動画を作成して教育チャンネルを開設したのです。

まったくの素人ですから手探り状態。録画や編集にも相当な時間がかかりました。それでもコツコツ作り続け、1000本近くの動画を作成しました。

この経験は思わぬパラレルシフトに役立ったのです。動画を作っていたおかげで、自分のチャンネルをはじめたときには、構成力も編集スキルも、しっかり身についていた。あわせて、塾での授業経験もトーク力に大いに役立ちました。

授業動画を撮りはじめたころは、まさか個人のYouTubeチャンネルを持つとは夢にも思っていませんでした。しかし、その世界線は、見えていなかっただけ。**やろうと決めたことに愚直に取り組むうちに、新たな飛び石が見えてきて、しかも、そこにジャンプできる脚力がついていたのです。**

なにが言いたいかというと、今やれる最善の手を尽くしていけば、いざというときに行きたい世界線に飛ぶ力がついているということ。そして結果を出せるということ。

今は見えていなくても、ひたむきに目の前のことを続けていけば、必ず自分を活かせる世界線へ進めるということです。

もちろん、世の中には軽やかに世界線を超えていける器用な人もいます。そんな人は、1000本も動画を作らずとも、数十本作成した時点でチャンネルをブレイクさせられるでしょう。

でも不器用であっても、スロースターターであっても、いつも一瞬一瞬に真剣な人は、自分が進むべき世界線に進んでいきます。理想の世界線へ飛び移る脚力をつけるため、自分にやれることが目の前にあるはずです。

パラレルシフトの
ポイント6

理想の未来に向かって進む感覚で

最近では出版や講演の機会も増え、「成功の秘訣はなんですか」などと尋ねられることも増えました。しかし私自身は、成功したくて動画投稿をはじめたわけではありません。

自分の問いと向き合いながら思考実験を続け、辿り着いた考察を世間に問うてみたいと思った。ちょうど時代のタイミングがよく、そこにYouTubeというツールがあった。YouTubeに動画をアップする作業を地道に続けていったところ、思いのほか多くの人に受け入れていただけた。そして、体験談を多くお寄せいただけた。体験談の情報源を直接取材させていただく中で、見識を深められ、その見識を皆さんと分かち合えるようになった。

このとても幸せなサイクルには、感謝するばかりです。

あえて言うなら、「自分の考察を多くの人とシェアしながら、真実を探求したい」という程度のビジョンはありました。

そのビジョンを現実化するために、今の自分が飛び移るべきパラレルを選び続けてきた。その感覚があったからこそ、今ここにいるのだと思います。

うまくパラレルシフトするには、自分がどんな未来を生きたいのか、そのビジョンを明確にしておくことが不可欠です。これは成功哲学や引き寄せの法則でもよく言われることなので、「そんなこと知っている」と思われたかもしれません。しかし、ビジョンを明確にする目的は、引き寄せの法則とパラレルシフトでは異なります。

引き寄せの法則が明確なビジョンを大事にするのは、この法則では「強く願ったものこそが、引き寄せられる」から。強く願うために、ビジョンを明確化しているのです。

一方、パラレルシフトでビジョンが重要なのは、未来のビジョンがはっきりしていると「未来から過去を見る」感覚を持てるからです。理想の未来から現在の自分を見れば、次の世界線を選ぶ際、どの方向に飛べばいいのか判断が容易です。


登山と同じです。麓から頂上を眺めているときは、登り道のルートは把握できません。しかし、山頂に立って見下ろすと、頂上に至るまでの道のりが見渡せます。

受験勉強や資格試験も同様ですよね。いつ、どこの学校に受かるか、どんな資格を取るのかビジョンをきちんと持っていれば、試験日から逆算してやるべきことを割り出せます。

一口にビジョンと言っても、いろいろなビジョンがあります。億万長者になるとか、社会問題を解決するとか、そんな壮大な目標を掲げなくてかまいません。理想の環境、経済状態、人間関係、自分がこうありたいと望む姿をイメージするようなところからはじめましょう。家族みんなで仲良く暮らす、収入を○割アップさせる、職場の人やクライアントから信頼される、いつも笑顔で過ごす……人それぞれのビジョンがあるはずです。

そのビジョンと今のあなたをつなぐ飛び石は、今いるパラレルのすぐ隣に必ず存在します。理想の未来につながる道の存在を、あなたはどれだけリアルに実感できるでしょうか。

パラレルシフトの
ポイント7

その一飛びに集中する

成功法則を教える類のセミナーでは、「この方法を使えば、必ず結果が出ますか?」と念押しする人がよくいると聞きます。確実性を求める心はわかりますが、結果に執着すると行動力が鈍ります。**パラレルシフトでも、結果にこだわらず「今」に集中する感覚を持ったほうが、意図した飛び石へ軽やかに飛べます。**ビジョンを掲げ、今やるべきことを無我夢中でやっていたら、気がついたら希望どおりになっていた……よくあることです。

一度に飛ぶ距離は、長くても短くてもかまいません。

どんな飛距離であれ、今にフォーカスすること。その一飛びに集中していると、直感的に自分が生きたい世界を見極められます。直感は、使う中で磨かれていきます。自分にとってベストだと感じる世界線を見つけたなら、「常識」にも他人の言葉にも惑わされず、自信を持ってジャンプしてください。

そうして一飛びずつ進むうちに、私は元の場所からかなり離れた場所にいて、同じ興味や志を持つ方と出会い、やりたいことができるパラレルにいました。

今の私は人生に満足していますし、安心しています。**こうやってパラレルシフトを繰り返していけば、この先の未来はもっとよくなるとわかっているからです。**

行き詰まりもあって当然

これからあなたは望む未来に向かって、無数のパラレルシフトを繰り返していきます。ただ、あらかじめお断りしておくと、順調に進むときばかりではありません。「こんなはずじゃなかった」というパラレルに飛んでしまう場合もあって当然です。

夢のない話ですが、「魔法のランプ」などありません。どんなメソッドも、そのメソッドを使う人の試行錯誤が不可欠です。

大切なのは、うまくいかない場面でこそ「可能性は無数にあるのだから、大丈夫」と思えるかどうかです。ここからは、行き詰まりや迷いを感じたときに有用な留意点をお話しします。

うまく飛べないときの五つの解決ポイント

- 世界線の移動に正解はない
- 長期的視点で捉える
- サーチライトと羅針盤
- 目標は柔軟に設定する
- 「勝率51%」でいい!

うまく飛べないときの
解決ポイント1

世界線の移動に正解はない

この世界には無数のパラレルが存在していて、あなたの毎瞬の行動が次のパラレルにつながっていることは、すでにお話ししたとおりです。**ただし、パラレルが無数にあると言っても、一つの瞬間にあなたがいられるのは一つの世界だけ。次に飛び移れる世界も、一つだけです。**

次に移っていくのはポジティブな世界線かもしれませんし、ネガティブな世界線かもしれません。「ここだと思って選んだ転職先がブラック企業だった」「よかれと思ってかけた言葉が相手を怒らせた」などよくあること。だから、どんな現実がやって来ようと、こう解釈してください。「これは自分の選択したこと。いずれ自分の望む未来に到達するには、この現実にはどんな意味があるのだろう」と。

人は誰でも「思いグセ」を持っています。それは、出来事に対する自分なりの判断基準のようなもの。みんな、自分の思いグセに従って物事を意味づけし、そのせいで感情が振り回されています。

しかも、人はたいていネガティブなほうへ物事を捉えます。本来どんな世界線でも選び放題なのに、少なくない人が古い価値観や独りよがりな感情から次のパラレルを選び、いつまでも希望する世界線へシフトできないと嘆いています。

そうならないために、一見いいこともそうでないことも、あらゆる現象を、ビジョンへ向かっていく自分に与えられたなんらかの答えだと捉えるわけです。

この感覚をつかむのは、最初は難しいかもしれません。

しかし、言ってみれば筋トレのようなものです。最初は、10回も上げられなかったベンチプレスも、日々鍛えていけば、20回、30回と上げられるようになります。そして、数カ月後には美しい筋肉が手に入っています。

もし失望するような現実が来たら、それは筋トレのチャンス。動じることなく、「なぜこの世界に来たんだろう」「次にどんな世界に進むために、自分はここを経由しているんだろう」と思いを巡らせてみてはいかがでしょう。


解釈に「正解」はありません。思い込みや勘違いであっても、望む未来へ進むための原動力になるのであればＯＫです。

失望したくなるような飛び石も、
見方によってはチャンス。
「なぜここに来た？」
「次にどこに行くために、
ここを経由しているのか？」
と考えてみるといい。

うまく飛べないときの
解決ポイント2

長期的視点で捉える

どんな願望も、「成就に近づいている」と明確に実感できるようになるまでには時間がかかります。その過程で、一時的な結果を見て一喜一憂しないこと。短絡的に失敗だと判断しないことです。

望む未来に辿り着くまでの道のりには無数のパターンがありますが、「いい飛び石」ばかりという人生はまずありません。目標を達成するためには、失敗や停滞は必ずあるのです。

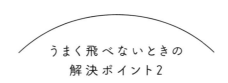

それなのに、うまくいかなかったからといって、「やっぱりダメか」とあきらめたら、その時点で終わりです。

私がYouTubeチャンネルを開設したときも、結果はすぐ出ず、登録者ゼロが2週間も続きました。さすがに落ち込みましたが、ビジョンに向かう飛び石に立っていることは確信していたので、淡々と動画を作り続けました。するとジワジワと再生回数が伸び、登録者が一人、二人と増えていったのです。そうして今に至ります。

もし「やっぱりダメだ」とあきらめていたら、現在の私はありません。結果にこだわり過ぎず、「いいほうに向かっている」と悠然と構えて進んでいきましょう。

「ピンチはチャンス」とよく言いますが、今この時点だけを切り取ったら失敗でも、長期的視点で見れば、次につながる重要な飛び石にいるのかもしれません。

うまく飛べないときの
解決ポイント3

サーチライトと羅針盤

一般論として、願望実現には、目標に沿った行動計画を立てることが大事と言われます。

たとえば、「1年後に資格試験を受けたい」「3年後に家が欲しい」「5年後に独立したい」など、すでに目標が決まっているなら、そこから逆算して、今やるべきことを割り出す。これが正攻法です。

計画を立てたら、それに従って飛び石を選び続けます。そうすれば自動的に、世界線は望む場所へとつながります。しかし、「将来についてはまだよくわからない」「特にやりたいことが見つからない」という人も少なからずいるでしょう。過去の私自身を振り返ってみても、「自分の問いに取り組みたい」「生徒たちに能力を発揮してほしい」というフワッとしたビジョンこそあったものの、それ以上に明確な目標があったわけではありませんでした。

そうした状態でのパラレルシフトは、サーチライトで暗い道を照らして進む過程に似ていました。**遠くを見通すことはできないけれど、目の前だけはしっかり照らし、前を見てハンドルを握る。そんな感覚です。**

視界が真っ暗でも、サーチライトで照らせば、曲がりくねった道も進めるし障害物も避けられます。ずっと先までは見通せないにせよ、着実に目的地に近づけます。

長い人生では誰しも、目標が見つからず焦る時期も、目標を見失ってしまう時期もあります。また不測の事態が起きたり、期待どおりに物事が運ばなかったりして、見通せていた道が突然見えなくなることもあるものです。

しかし、どんなときもすぐ目の前なら見えるはずです。見える範囲に集中していれば、必ず前進できます。

サーチライトとセットで必要なのが、「羅針盤」です。羅針盤とは、先ほどお話ししたビジョンのことです。どの方向に進みたいか。つまり、どのような自分になりたいのかを、フワッとでもかまいませんので自分なりに胸に留めておきましょう。羅針盤がなければ、車は迷走してしまいます。

遠い将来が見通せないと感じる人も、サーチライトと羅針盤の二点セットのイメージがあれば、パラレルシフトが容易になります。

うまく飛べないときの
解決ポイント4

目標は柔軟に設定する

ビジョンを現実化するときには、「絶対に〇〇する！」と決めつけず、「このプロセスで叶える！」と決めつけず、柔軟に考えることも大切です。

たとえば、あなたは絵を描くのが好きで、将来は画家になりたいと夢見ているとします。昔であれば、有名な美大を出るとか、公募展に入選するとか、そうしたプロセスで画家を目指す人がほとんどだったのではないでしょうか。

しかし今や、スマホ一つで自由に作品を発表できる時代です。美大に通わなくても、人から認められなくても、自己表現はどんどんできます。「画家になる」「公募展で賞を取ってデビューする」などのように目標を固定化してしまうと、本来の願いを叶えるチャンスを狭めてしまうかもしれません。

「画家になりたい」に限りません。「結婚したい」「お金持ちになりたい」「出世したい」「絶世の美人になりたい」……それは本当にあなたのビジョンなのか。到達したいパラレルなのか。

柔軟に思考し、ビジョンの本質を見極めた結果、「素敵な絵を描いて、誰かにそれを見て喜んでもらえるパラレルに到達したい」が目標なのだと気づくこともあるかもしれません。「画家になる」に執着しなくとも、目標の立て方を見直せば、理想のパラレルへの飛び石はもっと選びやすくなるかもしれません。

うまく飛べないときの
解決ポイント5

「勝率51%」でいい!

ビジョンを叶える道は無限。とはいえ、何度飛んでも「失敗だ」と感じるのはキツいです。そんなときはがむしゃらに飛び続けるより、一度止まって軌道修正を。パラレルシフトは、**基本的には毎瞬毎瞬の直感と思い切りが大切ですが、止まってはいけないわけではありません。**

長い人生では、しっくりこない石もあって当然。「一生を終えるまでに、よい石がそうでない石より少しでも多ければ花丸」くらいの感覚で進みましょう。

パラレルシフトで人生を豊かに彩るコツ

無限に広がる「可能性の世界」を移行し、壮大な夢を叶えたり、ドラマチックな出来事を起こしたりすることは誰にでも可能です。

夢や欲望は人生を動かす機動力になります。その点では、大きな目標を設定するのも大事です。

しかし私が思うに、大きな夢を設定するのと同じくらい大切なことがあります。それは、日常をよりよく生き、日々の質を向上させ、小さな成功体験を積み重ねながら楽しくゴールへ向かうことです。

次の石へと飛ぶときは、「最高の世界線を選ばなければ」「ゴールは遠い。大きなジャンプをしなければ」などと気負う必要はありません。選んだ先の石がどんな石かということより、毎瞬、毎瞬、能動的に飛び続ける姿勢のほうが重要です。

自分が幸せだと思えること、心地いいと感じること、そして周囲を幸せにできると思うことを、日々直感的に選びながら進んでいきましょう。

飛び続けていくからこそ、見える景色があります。その景色を楽しみながら、毎瞬、毎瞬、前進していってください。

次の章では、パラレルシフトのイメージをよりリアルに描くとともに「それなら自分にもできる！」としっかり確信していただけるよう、「時間」「パラレル」「仮想現実」という三つの観点から、この世界の構造についてお話しいたしましょう。

第4章

毎瞬、毎瞬の中に無数の世界がある

時間の概念の捉え直し①

第4章では、私たちの世界の真の構造を見ていきましょう。

ここまで、私たちが今いる現実世界の外には無数のパラレルがあるとお話ししました。ではその世界全体はどのように構成されているのでしょうか。ここを理解することで、より確信を持って新しいパラレルを選べるようになります。

第1章でもざっくりとお話しした「時間の概念の捉え直し」「パラレルのしくみ」「仮想現実」のテーマについて、復習しながらさらに深掘りしていきましょう。

時間は流れておらず無数の瞬間が連続している

パラレルシフトをするうえで核心となるのが、以下のような時間感覚です。

時間は、過去から未来へ直線的に流れているわけではない。三次元で生きるために、人間が生み出した概念である。

これを裏づける論文や著書は多数ありますが、近年、世界で話題を呼んだのが、２０１９年に刊行された『時間は存在しない』（ＮＨＫ出版）という物理学書です。

著者は「現代物理学のトップランナー」と言われるカルロ・ロヴェッリ（1956〜）。大学で量子重力理論の研究チームを率いる彼は、こう述べています。**「物理学的に言えば、時間は存在しない。また、時間は過去から未来へと流れるわけでもない」**と。量子の性質を研究し尽くした彼が断言しているのですから、非常に衝撃的です。

しかし、その一方で、この三次元で生きていれば「時間は過去から未来へと流れている」と考えるのが当然です。

私たちは幼いころから、一日中やるべきことが決められていて、時計を見ながら毎日を過ごしてきました。常に時間に縛られ、先を見通して行動するパターンが染み込んでいます。

私たちはこう捉えています。人生の時間とは、まるで砂時計の砂粒が重力にあらがうことなく淡々と落ちるように進んでいくと。でもそれは、錯覚に過ぎないかもしれません。もしあなたが望む世界線へ移行したいと願っているなら、この時間の感覚は重大な足かせとなります。というのも、「時間は過去、現在、未来と直線的に流れている」「時間は直線的に流れていて、ただ一つの世界線しか選べない」と錯覚しているとしたら、いつまで経っても「今」という時間に集中できません。

お話ししてきたように、人任せではなく自分自身で判断し、軌道修正しなければならない時代がやってきます。**そんな時代では日ごろから、自分が生きる時間や空間も、自分で選んでいるイメージを持つ必要があります。一瞬一瞬、自分の未来を選択しながら生きる必要があります。**

この感覚は、あなたをスムーズに望む世界線に導きます。時間の概念の捉え直しは、あなたの人生を新たに作り直す一生の宝ものとなるでしょう。

時間の概念の捉え直し②

三次元での時間の捉え方をこんなふうにイメージしてみましょう。

私たちは皆、電車の乗客だと仮定してみてください。人は生まれてから死ぬまで一生電車に乗り続け、車窓の景色を見ています。電車は走り続け、景色はどんどん移り変わります。外で移りゆく風景が、私たちにとって世界のすべてです。

過ぎ去った景色は、過去。今見えている景色が、現在。これからやってくる景色は、未来。車窓の景色が移り変わるように、時間も直線的にどんどん流れていくと私たちはそう信じて疑いません。

ではここで、この電車の車内は、私たちが生きている現実、すなわち三次元世界だと捉えてみてください。私たちは三次元から抜け出せません。つまり、電車の外には出られないということです。

しかし、もし電車から降りられたら。時間の束縛から解放されたら。そこには、過去も現在も未来も、「同時」に存在する世界が広がっています。

現実はいつでも差し替え可能

この三次元世界の実像は、言わば「パラパラ漫画」のようなものです。パラパラ漫画のページがめくられていく様子は、時間の流れを表します。パラパラ漫画では、ページを一枚ずつ高速でめくっていくと、まるで映像が動いているように見えます。それと同じように私たちも、次の瞬間、次の瞬間へと意識が移っていくことで、現実が過去から未来へと流れているかのように感じています。**本当は一瞬ごとの今があるのに、あたかも連続しているかのように見えるというわけです。**

似た世界との間では移動が活発に行われている

しかも、この世界はただのパラパラ漫画ではなく、「超高性能」のパラパラ漫画です。通常のパラパラ漫画では、一つの絵が動きながら流れていくだけ。一つのストーリーしかありません。しかし超高性能のパラパラ漫画では、次のページは一パターンではないのです。次のページの隣には、別の紙も無限に用意されています。しかも、どの紙とも瞬時の差し替えが可能です。

次に読む予定だった紙の横に並んだ、無数の差し替え用紙。その中からどの一枚を選ぶのか、毎瞬ごとに、自分で自由に選択できるというわけです。

近い紙には似た絵が描かれており、差し替えも簡単です。けれど、遠くの紙になればなるほど絵は大きく変わっていって、差し替えも難しくなります。

つまり、似た世界であれば簡単に移動できますが、変化の大きい世界だと現実化には時間がかかるということです。

たとえば、あなたがランチでカレーライスを食べる現実があったとします。そこから、同じ店のオムライスを食べる現実へ移動するのはごく簡単です。でも、遠くの町に行って、現地の名物料理を食べたいと思ったら、そのページに差し替えるためには時間も労力もかかるのです。

（パラレルと現実の関係性①

ところで、なぜ「過去、現在、未来が同時に存在する」と言えるのでしょうか。その根拠をお伝えするために、ここからはパラレルについて丁寧に整理してみましょう。

改めて説明すると、現在の物理学が示すパラレルの概念は、次のようなものです。

私たちがいる現実世界のほかに無数のパラレルが存在し、

その一つひとつに「自分」がいる。

そのうちのどの世界の自分を生きるかは、自分で決められる。

どういうことか、具体的にお話ししましょう。私たちが今生きているのは、物質的な現実世界です。しかしその現実世界以外に、宇宙には「可能性の世界」とも言えるパラレルが無限に、しかも毎瞬ごとに存在しています。

たとえば、あなたが朝食に食パンを食べたとします。でも、もしかすると、お米やシリアルを食べる可能性もあったはずです。あるいは、朝食を抜く選択もあったかもしれません。もっと言えば、どんなパンを食べるか、何時に、誰と食べるかなど、「可能性の世界」は無数にあります。

それぞれの瞬間に、今の世界とは少しずつ異なる世界が無限に広がっています。ある瞬間にどんな世界を選択したかによって、次の瞬間に選ぶ世界も少しずつ変わっていきます。時間が進めば進むほど、変化の幅がどんどん大きくなっていくのは容易に想像できます。

パラレルと現実の関係性②

毎瞬の選択によって、自分の存在する世界は無限に分岐していきます。ここで見方を変えれば、私たちが「現実」だと思っていることの世界は、毎瞬ごとに無数に存在している「可能性の世界」の一つに過ぎません。

ここで今一度、現実世界とパラレルの関係を整理しましょう。

一つの現実における過去、現在、未来の一連の連なりのことを「世界線」と呼びます。私たちの住む宇宙では、多種多様な世界線が並行して存在しています。そして、その並行する世界線は、グラデーションのように微妙に異なりながら無数に分岐していきます。

この宇宙には、
微妙に異なる世界線が
並行して無限に
存在している。

自分がチョイスしなかった無数の異世界が「パラレル」です。

別の角度から見ると、選択された過去、現在、未来の道すじが、私たちが今生きている三次元の世界線。まだ選択されておらず、今後も選択されない道すじが、パラレルの世界線ということになります。世界線は数限りなく存在しています。

別の世界にいるパラレルな自分

パラレルが連なる様子は、喩えるなら「合わせ鏡」の画像のようなものです。三面鏡の左右にある鏡を向かい合わせにして自分を映すと、両方の鏡に、自分自身の横顔が果てしなく広がっています。

鏡の世界に映し出される、角度が微妙に異なった自分。この現実世界のほかに存在するパラレルには、そんなふうに無数のあなたがいます。

ただし鏡の世界の無数のあなたは、実際のところはあなたの像です。だからリアルのあなたが動けば、映し出された自分も同じように動きます。

しかしパラレルのあなたは、リアルのあなたとは大なり小なり異なっています。

近いパラレルの場合では、そこにいる自分とリアルな自分はよく似ています。しかし、遠く離れたパラレルの自分は、今の自分とは全然似ていない動き方、考え方である可能性が高いです。

生きる環境も全然違うでしょう。はるか遠くの世界にいるあなたは、平和で、穏やかな気候で、食べ物がじゅうぶんにある世界にいるかもしれません。地球の終末を迎えている可能性も、同じくらいにあり得ます。

パラレルと現実の関係性③

現実世界の近くにあって、この世界との差異も小さいパラレルは、ときに私たちの世界に干渉してきます。その干渉を経験している人は少なくありません。あなたもパラレルの影響を受けているかもしれません。

ここで質問です。あなたの記憶の中にある東京タワーの色は何色ですか？　答えは、「赤」と「白」の二色です。ところが、まさかと思うかもしれませんが、東京タワーは「赤一色」だと思い込んでいる人も一定数いるようです。

異世界からの干渉、マンデラ・エフェクト

なぜか不特定多数の人が、事実とは異なった記憶を持っている。このような現象を「マンデラ・エフェクト」と呼びます。語源は南アフリカのネルソン・マンデラ元大統領（1918〜2013）に関する記憶です。マンデラ氏は政治犯として27年も投獄されましたが、1990年に解放されて大統領を務め、その後亡くなりました。ところが少なくない人たちが、彼が1980年代に獄中死したと記憶しているのです。

そのほかにも、いくつものマンデラ・エフェクトが報告されているので、少しご紹介しましょう。

・東京都「大田区」を「太田区」と記憶している人がいる。
・映画『スター・ウォーズ』に出てくるロボットC-3POの体の色を、「金」ではなく「銀」だと記憶している人がいる。
・「47都道府県」を「48都道府県」と記憶している人がいる。
・世界地図のオーストラリアの位置が、もっと右側だったと記憶している人がいる。

ほかにもさまざまなマンデラ・エフェクトがあります。もし興味があれば検索して、あなた自身の記憶と照らし合わせてみてはいかがでしょう。

「単なるカン違いとしか思えない」という人もいらっしゃるでしょう。しかし、マンデラ・エフェクトのしくみを私なりに考察すると、こうなります。**私たちの現実世界に近似したパラレルがあり、それをなにかの拍子に垣間見た人が一定数いるのではないか。もっと言えば、本人が気づいていないだけで、彼らは異なるパラレル間を移動しているのではないか。**

なぜ、このような現象が起きるのかはわかりません。でも、そう考えると辻褄が合うのです。

マンデラ・エフェクトが増加している

たしかに報告されている中には、集団的な記憶違いも含まれているでしょう。また、その多くは「不思議だね」で済ませられるレベルのささいな違いではあります。

しかし、私たちの世界とは微妙に違う並行世界の存在をじゅうぶん示唆していると言えないでしょうか。

今、このマンデラ・エフェクトが以前より頻繁に起きているようです。その一因は、情報化社会の進歩でしょう。世界中にスマホが普及し、遠くの人どうしでも大人数でも、一瞬にしてつながれるようになりました。生まれた村から一生出ない人、生まれた村の外のことなど知る術もない人がたくさんいた時代は過去のこと。今は、多くの人がハイスピードで情報を共有しています。

人と人とがつながり合うと、お互いの意識が影響し合います。一人ひとりが意識できる範囲が拡大します。**その結果、今生きているパラレルとは異なる世界への接触や移行が増えたり、パラレルシフトを自覚する人が増えたりしているとは考えられないでしょうか。**

おそらくこの傾向は、今後ますます加速するでしょう。これも、時代が動きはじめている証拠かもしれません。

パラレルと現実の関係性④

私はこれまで、一時的に別のパラレルに行き、また元の世界に戻ってきた人たちに何人も会ってきました。

別のパラレルから、こちらの世界にやってきたと思われる人や存在とも会ってきました。

ここでは、主婦Ｙさんの例をご紹介しましょう。

少し長くなりますが、パラレルという世界について実感を持っていただくために、ディテールもしっかり書いてみます。少々お付き合いください。

歴史や地理さえも変わった
字が変わり

私のYouTubeチャンネル視聴者だったYさんは、パラレルシフトに興味を持ちました。そして、自分もパラレルシフトしてみたいと、自分なりにいろいろチャレンジしていたそうです。

するとある日、Yさんは不思議なことに気づきます。「辻」の「しんにょう」の点が二つになっていたのです。「あれ?」と違和感があったそうなのですが、それだけではありません。**ほかにも「看」や「俺」などの複数の漢字が、以前の表記とは微妙に変わっていたのです。**よくそんな細かな違いに気づいたなと思うかもしれませんが、理由があります。Yさんは、筆耕(文字の清書をする仕事)をしていたため、細かな漢字表記に人一倍敏感だったのです。

ほかにもYさんは、自分のいる世界に、過去とは違う点をいくつも見つけました。

たとえば、以前は「福井県舞鶴市」だったはずなのに「京都府舞鶴市」になっている。東京タワーは赤一色だったはずなのに、赤と白になっている。政治家の名前や企業のロゴマークなども、以前とは微妙に違っている点がいくつもあったそうです。

日常生活は、元の世界と変わりません。だからこそ、ちょっとした違いを見つけたとき、Yさんはなんとも奇妙な感じがしたのだそうです。

さまざまな違いを目にするうち、Yさんは確信するようになりました。自分はパラレルシフトしたのだと。

歴史好きだったYさんは、史実についても調べてみました。そしてさらに驚いたそうです。たとえば記憶では、戦艦大和は「レイテ沖海戦に向かう途中」で沈んでいましたが、新しい世界で同艦は「沖縄へ向かう途中」で撃沈されていました。

また、第二次世界大戦において日本軍はオーストラリアとは戦っていないことになっていました。

Yさんは、特に近代の戦争や軍艦の歴史に興味があったため、この違いに気づきました。逆に言えば、ほかの時代、ほかのテーマにも興味があったなら、別の違いも見つかっていたのではないでしょうか。


興味深いのですが、Yさんによると、なんとYさんのご主人も一緒にパラレルシフトをしていたそうです。

Yさんが気づいた変化をご主人に伝えました。でも、「そういえば、そうだなあ」とあまり関心を示さなかったとか。

ご主人は超現実主義で、パラレルシフトの話をしても、まともに聞いてくれないそうです。とはいえ、いくつもの奇妙な違いを体験しているのですから、「そうだなあ」で片づけるのはずいぶん大らかです。

おそらくそれは、人間に備わっている自己防衛本能ではないかと考えます。**日常から逸脱した体験をすると、人によっては感情的にバランスが取れなくなる場合があります。そうしたことを防ぐため、無意識のうちに「気のせい」「カン違い」として処理してしまうのではないでしょうか。**

お父さんが元気になるパラレルへ

ところで、Yさんのパラレルシフトでは一つだけ、Yさんの人生にも大きくかかわる変化がありました。それは、Yさんのお父さんの病気が好転したことです。

パラレルシフトする前、Ｙさんのお父さんは高齢で心臓が悪く、医師からは「期待できる治療法はもうない。余命わずかの状態だ」と説明されていました。ところがパラレルシフトした先の世界では、急にペースメーカーを入れることが決まって、容態が安定したというのです。

以前のパラレルでは、ペースメーカーの話はいっさい出ていなかったとのこと。この急展開をきっかけに、Ｙさんは「世界線を乗り換えたとしか思えない」と確信するに至ったそうです。

パラレルシフトの二つのコツ

念のために言いますが、Ｙさんに特殊能力があるわけではありません。彼女は実直なお人柄の常識人です。もちろん嘘を言っているようにも見えません。Ｙさんの例は、条件とタイミングさえ合えば、誰でも世界線を飛べると教えてくれているのだと思います。

Yさんの場合は世界線が近かったため、簡単に移行できたとも言えるかもしれません。


私のチャンネルではこのほかにも不思議なパラレルシフト例をご紹介しています。

その中には、「同じ日本語なのに発音や表記が異なっていて、意味がまったく理解できない世界」や、「現実での妹が〝姉〟になっていた世界」に移行した体験もあります。

これらはYさんのパラレルシフトよりも大きな移動です。


ところで、パラレルシフトするためにYさんが試した方法を伺ってみたのですが、彼女はいくつかのポイントを教えてくれました。

一つには、時間は「今」の連続であると意識したとのこと。もう

一つは、望むパラレルへ移動できるように、別の地球へ飛び移るイメージをしたこと。

また毎晩寝る前に、Yさんが日ごろから親しんでいた古代文字の一部も唱えていたそうです。

そのような習慣を繰り返していたら、あるとき、違う世界線にご主人と移動していたことに気づいたのだそうです。

ただし、これはあくまでもYさんの個人的な体験です。別の取材元の例では、たまたま特別な場所に行ったせいでパラレルシフトが起きたという話もありました。

私が知る限りでは、Yさん以外の方たちは「シフトしたい」などとは意図していなかったそうで、もちろん古代文字を唱えていたのもYさんだけです。

パラレルシフトを実感できるかどうかには、個人の資質やタイミングなどさまざまな要因があるのでしょう。

そもそも、今生きている世界が変わったことを明確に認識できるかどうかと、望むとおりのパラレルシフトを意図的にできるかどうかは、まったく別の問題です。

この本で目指すのは、期せずして飛ぶ方法ではなく、自分の意図で望むパラレルに飛ぶ方法です。

そのために、第3章で紹介したパラレルシフトの実践法の補完情報として、次の第5章ではいくつかのワークをご紹介します。ワークを繰り返すうち、パラレルシフトがもっと自然に実践できるようになるはずです。

この世界は仮想現実①

ここまで、時間の概念やパラレルについて考えてきました。もう一つ、パラレルシフトに欠かせないのが、この世界は仮想現実に過ぎないという理解です。

「世界は、私たちの認識によって作られている」と聞いたことはあるでしょうか。この言葉をもう少し丁寧に表現するなら、「私たちが観測するまで物理現象は確定せず、多様な形で存在する」となります。これは最新科学によって示されている原理で、知っているかいないかで人生が大きく変わる、重要な事実です。この概念は、映画やドラマなどでも近年よく取り上げられていますが、最先端の物理学においても革新的な議論がなされているテーマです。

この現実が現実でない可能性は2割？

最近ではコンピュータの研究者や哲学者たちも、「世界は仮想現実である」という考えを、次々に表明しています。たとえばオックスフォード大学哲学科教授のニック・ボストロム（1973〜）は、私たちはかなりの確率で、仮想現実の中で生きていると述べました。ボストロム教授は同時に、AI（人工知能）を超えた超絶AI（スーパーインテリジェンス）が仮想現実をコントロールできるようになると、人類は滅亡のリスクに晒されると危惧しています。

この説が事実かどうかはさておき、「この世は仮想現実かもしれない」ということが真剣に論じられているという点に、驚いた方もいるのではないでしょうか。

仮想現実説が世界を動かしている

私たちの世界は、映画『マトリックス』で繰り広げられたような、コンピュータが支配する仮想現実である。現実は一人ひとりの脳内で繰り広げられているバーチャルな世界である。

このような見立ては、一昔前まではただの空想に過ぎませんでした。それが今では、かなりの現実味を帯びています。

世界を代表する実業家のイーロン・マスク（１９７１〜）は２０１６年、「リアルな現実の中で我々が生きている可能性は、10億分の１に過ぎない」と発言し、聴衆を驚かせました。

彼は、世界はバーチャルであると認識し、今後、ＡＩの進化によって人類が脅かされることも予見。その支配が進む前にと、地球脱出を計画しているそうです。つまり、ＡＩによって人類がコントロールされる未来を怖れ、人類の新天地を宇宙に求めたのです。彼が作った宇宙開発会社スペースXが、莫大な費用を注ぎ込んで火星移住計画を推進していることは、多くのメディアが取り上げています。

この宇宙事業はきっと、実業家としての勝算があっての投資でしょう。それと同時に、人類の生き残りをかけたチャレンジとも言えるのかもしれません。

彼が仮想現実説をここまで信じているのには、最先端の科学研究を把握できる立場にいることが大きいと思われます。彼に限らず、世界の富豪や金融アナリストなど、ＡＩによって人類がどう変化するかを知り得る立場にいる人の多くが、仮想現実説を信じていることを公言しています。そして、地球脱出をはじめとした人類の生き残りのための事業を展開しているのです。

この世界は仮想現実②

この世界は仮想現実だと言う人たちが根拠としているのが、量子論の考え方です。この世界は、私たちが認識することで成り立っており、いっさいの物理現象は人間が観測するまで確定しない。このことを量子物理学では「不確定性原理」と呼びます。

オーストリアの物理学者、エルヴィン・シュレーディンガー（１８８７〜１９６１）が発表した著名な思考実験、「シュレーディンガーの猫」をご存じでしょうか。「猫と、一定確率で毒ガスを放出する装置を、一緒に箱に入れる。猫は、誰かがふたを開けて箱の中を観測するまで、生きた状態と死んだ状態が重なり合っている」というものです。「観測するまで物事の状態は確定しない」という量子力学の特殊な世界観を、シュレーディンガーは平易に表現しました。

リアルな世界はゲームそのもの

「認識こそが物質を作り出す」という量子論の視点から見れば、私たちの世界はロールプレイングゲーム（RPG）のようなものです。

実際にプレイしたことのある人ならわかると思いますが、RPGの世界では、主人公を起点にして背景や人物が画面に現れます。主人公が横を向けばその目線上の世界が現れ、主人公が移動すれば同じように世界も動きます。主人公が見ていない世界や、移動する前の世界は「無」です。

つまり、主人公（自分）が観測することで世界が成立しているというわけです。

仮想世界の存在を明言する学者たち

ＶＲ技術の革新によって、仮想世界は現実とは見分けがつかないリアルな世界になりました。ゲームなら、ゴーグルを外せば現実の世界へ戻れます。しかし、私たちが現実だと思い込んでいるこの世界が、実は電源をオフにできない仮想現実だとしたらどうでしょう。

これについては、日本の科学者たちも研究を進めています。たとえばカリフォルニア大学バークレー校教授の野村泰紀氏（１９７４〜）や村山斉氏（１９６４〜）、東大で長年教鞭を執った和田純夫氏（１９４９〜）は、素粒子論や宇宙論の専門家の立場から、「パラレルは無数に存在する」「時間の流れは脳が作り出した幻想」と明言しています。また、信州大学准教授の藤田あき美氏（１９７１〜）はBossB名義で多世界解釈に基づいた情報を発信。パラレルの存在、タイムマシンの可能性などに言及しています。

この世は仮想現実だとの見方を拡張すると、さらにおもしろい気づきが得られます。**一人ひとりが、一つずつ「自分の現実」を作り出しているという事実です。**

思考実験をしてみましょう。一つの無人島があるとします。そこにあなたは一人で流れ着きました。島にはあなたしかいないので、あなたが認識している島が、唯一の島です。次に、もう一人、二人と新たに人が流れ着いてきました。彼らも彼らなりに島を認識します。そうやって、100人の住人が島に住んだら、認識は100通りに。つまり100通りの島になります。

人は自分の認識でしか、現実を捉えられません。島でも、世界でも、宇宙でも同じです。**誰が観測するかによって、現実は微妙に（ときに大きく）異なっていきます。**

（この世界は仮想現実③

実は、仏教では古くから「この世は仮想現実である」と説いていました。それは「空」の思想です。

般若心経には「色即是空《しきそくぜくう》、空即是色《くうそくぜしき》」という一節があります。

「色」とは物質です。「空」とは「観念」「思い」「認識」を指しています。すなわち、物質は「思い」や「認識」そのものであり、逆もまた真。物質と認識はお互いに関係し合っている。つまり、この世は本来「うつろ」（空）であって、私たちが認識することで成立する。

般若心経が書かれたのは、諸説ありますが西暦630年ごろのことです。仏教ではそれほどに古い時代から、この世界は仮想現実だと捉えていたのです。

自分の意識こそが現実を作り出している

現代科学においては、「物理学の巨人」と言われるドイツの物理学者マックス・プランク（1858〜1947）が「この世界の根源は意識である」と述べています。**自分の世界は自分の意識（意図や認識）が作っていると、科学的にもすでに認められているというわけです。**

この理論を説明するときによく持ち出されるのが、映写機とスクリーンの喩え話です。

私たちが現実だと思っているものは、自分の意思という映写機からスクリーンに向かって映し出されているホログラムに過ぎない。映写機から出る光の情報が変われば、ホログラムである現実も変わる。つまり、自分という存在はスクリーンの中の登場人物ではなく、登場人物を動かしている光（意思）そのものなのだと。

認識が世界を作り出しているなら、無限に広がる「可能性の世界」さえ、私たちが自分で作り出せるということです。

たとえば、壮大な夢を描いていながらも、頭の片隅で「これは空想だ。あり得ない」と思っていたら、その世界はいつまでたっても「空想」のままです。

しかし、「自分の夢が叶ったパラレルがどこかにある」と認識していれば、その世界は本当に作り出され、そこに続く世界線も同時に生まれるのです。

この真理を理解できたなら、あなたの視点の大転換が起こります。その転換もまた、パラレルシフトを大きく後押しするはずです。

成功者たちが圧倒的な結果を出せたわけ

ところで、歴史上でも現代でも、一代で大成功した「立志伝中の人」と呼べるような人物がいます。

そういった人たちはもちろん才覚があり、とてつもない努力をし、運も味方したはずです。しかし、それ以前に、彼らは人とは違った世界観を持ち、自分で未来を創造できるという強い確信があったに違いありません。

未来を確信し、直感的にパラレル間を大ジャンプして、圧倒的な結果を出せたのです。

たとえば、歴史上の偉人で言えば、農民から天下人になった豊臣秀吉（1537〜1598）。現代なら、パナソニック創業者の松下幸之助などが代表的な例でしょう。

秀吉がもし、「自分はただの農夫だ」と自分を認識し、「現実のルールに従って生きるしかない」と考えていたら、誰もが驚く大出世はできなかったと思います。秀吉はおそらく、時間は過去から未来に流れるという概念すら、無意識のうちに超越していたのではないでしょうか。「行きたい未来」から「今の自分」を見て行動した結果、信じられないくらい遠くの世界線へと移動できたのです。

成功したいなら概念を先に書き換えよ

その意味では、「成功したい」「夢を叶えたい」という思いにフォーカスするより、まずは世界の捉え方を変え、時間や現実に対する概念を変える。これが先決だと言えます。

概念が書き換われば、今抱えている課題は課題ではなくなり、望む世界線へ続く流れを作れるのですから。

ここまでこの本を読み進めたあなたは、どんな世界線を選ぼうかと、胸躍っているかもしれません。あるいは、自分にできるのだろうかと不安になっているでしょうか。

大丈夫です。あなたは確実に次の世界線を選べます。なぜなら今までもずっと、あなたは毎瞬ごとに自分の世界を選択してきたではありませんか。

たとえ無意識であったとしても、自分で自分の世界を選択し、作ってきたことに変わりはありません。

これからは自分で意図して、行きたい世界を選択すればいいだけの話です！

常識を書き換える「逆さ眼鏡」

残念ながら多くの人は、「変わりたい」と思いつつ、なかなか変われません。というのは生物学的に見て、人には変化を嫌う性質があるから。これには「安心したい」という人間の生存本能が関係しています。危険を冒して新天地を求めるより、少しくらい苦しくても、安全な現状を維持したい。私たちはそう考える生き物です。

でも、希望もあります。脳には驚くべき柔軟性があるのです。

「逆さ眼鏡」の実験をご存知でしょうか。特殊な仕掛けが施してあり、かけると上下逆さまに見える眼鏡を使った実験です。

被験者は、この逆さ眼鏡をかけて一週間を過ごします。最初はもちろん戸惑い、生活に支障をきたします。ところが時間が経つにつれ、被験者は逆さまの世界に慣れてしまうのです。

「慣れてしまう」とは、あたかも正常に見えているかのように脳が情報処理すること。つまり、「逆さまに見えているはずの外の世界」が普通に見えるよう、脳で情報の書き換えが行われるわけです。

このように、人間の脳は、私たちが思っている以上に並外れた適応能力を持っているのです。

世界の見え方が変わるとまず起きること

では、この逆さ眼鏡のように、今見えている世界とはまったく逆の角度から、世界を見られるようになったとしたらどうでしょう。

たとえば、今まで時間は「過去、現在、未来」と直線的に見えていた。しかし、実は「今」という現実を飛び移っているだけだと理解できたら……。そのときこそ、私たちは時間の束縛から解放されるでしょう。

この逆さ眼鏡の実験では、もう一つ興味深い現象が現れます。被験者は逆さ眼鏡を外したあとも、しばらくは現実世界が逆さに見えてしまうのです。つまり、時間に対する概念がいったん書き換わると、かなり強固に脳に定着するわけです。

現実の捉え方は訓練次第でいくらでも変わる

ここで言いたいことは二つです。まず、人間の脳の柔軟性や対応力は、私たちの想像以上だということ。なにしろ、天地が逆に見える世界でも私たちが普通に生活できるよう、脳が補正してくれるのですから。こんなふうに、私たちがごくあたりまえだと思っている感覚さえ書き換えられるわけですから、驚くほかありません。

そして、もう一つは「現実の捉え方は訓練次第で変えられる」ということ。もちろん、すぐにというわけにはいきません。しかし、脳の性質を考えれば、特殊な眼鏡がなくても、訓練によって物事に対する捉え方は変えられます。

私たち人間の多くは、生まれてから死ぬまで、時間に縛られて生きます。そうした世界観を変えることができたら、これほど自由なことはありません。同様に、世の中の出来事を見る目も、自分への認識も、人生観も、すべては１８０度変わります。それが、望む世界線へと飛ぶ礎になることは言うまでもありません。

パラレルシフトを起こす私の道案内は、いよいよ仕上げに入ります。最終章では、心に「逆さ眼鏡」をかけ、世界の見方を書き換えていくためのワークをご紹介していきましょう。

第 5 章

パラレルシフトがうまくなる四つのワーク

ゲーム感覚ですごいギフトが得られる

ここからは、パラレルシフトの実践力を磨くための四つのワークをご紹介していきます。いくら理論がわかっていても、それを現実で活かせなければ、昨日と変わらない世界線が続いていくだけです。

日常で行うワークで人生を変えるためには、理解をたしかにすることが欠かせません。ここでご紹介するワークは、どれも短時間で簡単にできるものばかりですが、次のような変化を実感しながら、望む未来へと移行していけます。

ゲーム感覚で楽しみながら変容を起こし、ワークがもたらす計り知れないギフトを受け取っていきましょう。

ワークの効果

- 世界観が変わり、生きやすくなる
- 直感力が高まる
- 生きるヒントやインスピレーションが湧く
- 現実を創造する能力が高まる
- 自分の変化を日々実感できる

時間の概念をくつがえすワーク

時間とは縦軸で流れているわけではなく、「瞬間」の一コマの連続です。しかし毎日の繰り返しの中で、私たちがそれを意識することはほぼありません。

まず時間を新たな感覚で捉えるために、過去・現在・未来の3種類のワークを行います。パラレルシフトのベースといえる重要な作業です。

私たちが「過去」や「未来」と呼んでいる時間、そして無意識で過ぎていく「現在」を捉え直しましょう。シンプルなワークですが、意識の拡大、概念の書き換えに役立ちます。

過去のワーク

日常の何気ない一場面を切り取って記憶してから、再生します。時間とは連続する瞬間の「一コマ」であると落とし込むワークです。

○やり方

（1）ワークで使う日常の「ある瞬間」を選び、記憶に残す。

心の中でシャッターを切り、その場面を脳にしっかり焼きつけるイメージ。たとえば電車の向かいの席に座っている人の姿や表情、様子など。

（2）記憶に残した状況を再生する。

記憶できたと思ったら目を閉じて、今見ていた場面を再現する。

（3）答え合わせをする。

目を開けて、実際の様子が自分の記憶と合っているか、答え合わせをする。

（4）数分後に、もう一度再生する。

（1）の場面を数分後に思い出し、脳内で画像を再生してみる。確信を持って再生できればワーク成功。

日常の何気ない場面を記憶して再生する訓練を繰り返すと、記憶した瞬間が、「過去」と呼んでいる時間の一コマだと認識できるようになります。

ワークを日に何度も繰り返すうちに、瞬間瞬間が連続して「過去」を作っているに過ぎないと体感できるでしょう。その感覚が身につくと、過去にとらわれず「今」に集中する感覚も自然に体感できるようになります。

まずは、電車やバスに乗っているとき、自宅でくつろいでいるときなど、ワークに集中できる時間的余裕があって、静止している対象物がある場面でトライしてみるのがおすすめです。

ワークに慣れてくると、なにか作業をしながらでも実践したくなってきます。買い物中に商店街やお店の様子、仕事中のワンシーンを切り取るなど、さまざまなシチュエーションで毎日の一コマを切り取っていきましょう（ただし運転中や歩いての移動中など、安全面に心配のある状況では避けてください）。

次に紹介するのは、未来を扱うワークです。過去のワークと未来のワークをいずれも行うことで、時間とは「瞬間の積み重ねである」と多面的に理解していけるでしょう。

未来のワーク

数分～数十分後の「すぐやってくる未来」にいる自分を能動的にイメージします。望む未来を現実化する力を育むワークです。

○やり方

（1）未来を想像する。

日常の中で数分～数十分後に訪れる未来をイメージし、その場面を記憶する。たとえば電車に乗っていて、目的の駅が近づいてきたとき、下車して改札口を出る自分を想像し、記憶するなど。

（2）答え合わせをする。

実際にイメージした場面が来たら、（1）で記憶した場面と同じかどうか答え合わせする。

すぐ先の未来（短期ビジョン）のイメージが、リアルな現実になることを体験するのが、ワークの目的です。ワークの成功体験を積むと、望む未来（長期ビジョン）も現実化しやすくなります。

時間が近ければ近いほどイメージしやすくなるので、まずは数分後からはじめましょう。前述のように乗り物で移動しているときに試すのが最もおすすめで、ほかにもランチを食べる自分や帰宅後にくつろぐ自分など、日常的な場面をイメージすると「答え」が合う確率が高まります。

ちなみに、「答え」が合っているかどうかにこだわる必要はありません。日常でイレギュラーなことが起きるのは当然です。

ゲーム感覚で楽しく取り組むうち、「自分の世界を作っているのは、自分のイメージだ」と肌感覚でわかるようになるでしょう。

過去を書き換えるワーク

次に、過去を書き換えるワークを行います。もちろん、過去の「事実」は変えられません。しかし、そこにひもづいている「情報」は今からでも書き換えられます。情報は「記憶」とも言い換えられますし、あるいはその事実の持つ「意味」とも言えます。

記憶を変えられると、今の心のあり方が変わり、そこから選択していく未来が変わります。

ワークの前に、記憶について整理しておきましょう。人の記憶には「長期記憶」と「短期記憶」があります。

長期記憶は、子ども時代の思い出や印象的だった出来事など、時間を経ても覚えている記憶。一方、短期記憶は、一時的に覚えておけばいいロッカーのパスワードや駐車番号など、すぐに忘れられる記憶です。

人生に影響を及ぼすのは、長期記憶のほうです。ネガティブな記憶や自己否定につながる記憶を持ち続けていると、無意識に作用します。そして、その記憶の延長線上にある世界線を自動的に選び続けることになります。

トラウマがその人の飛躍を妨げたり、過去の失敗から挑戦を怖れてしまったりする例はよくあるのです。**ですから、ネガティブな過去から作られる世界線が、望む未来に続く可能性はどうしても低くなります。**

次のページのワークでは、あなたのパラレルシフトを妨げている過去を書き換えてみましょう。

◦やり方

(1) 記憶の倉庫をイメージする。

過去の出来事が一つずつ、ファイルに入れられて記憶の倉庫にしまわれている様子をイメージする。

(2) 倉庫の中から、ネガティブな記憶を一つ選び出す。

過去の失敗、つらかった経験、悔しかった思い出、大切な人との別れ、今も後悔していることなどのファイルを選ぶ。

(3) 「この経験から得たものや学びはなんだろう」を考える。

(2)で選んだ記憶を振り返って、その世界線を通ってきた理由を探す。「大病を患い苦しかったが、家族や友人のありがたさを知った」「上司から厳しくされてつらかったが、自分は部下に優しくできるようになった」など。

（4）過去の情報を書き換える。

（3）で出た答えを（2）の記憶とひもづけ、「ネガティブなファイル」でなく「学びのファイル」だと書き換える。「あのときの自分はよくがんばった」「一生懸命やれた」など、自分で自分自身を再評価して、自己イメージを書き換えることもできます。

時間は過去・現在・未来の連なりではなく、瞬間の連続だと述べました。過去の出来事はそれぞれファイリングされた書類のように単独で存在している。だから一つひとつ、自由に書き直せるのです。

はじめは、小さな出来事の記憶からトライして、感覚をつかんでいきましょう。慣れてきたら、大きなトラウマや心に禍根を残している出来事でもスムーズに書き換えられるでしょう。

多次元の視点を持つワーク

自分自身をこれまでとは違う視座から捉える訓練もまた、パラレルシフトの上達のカギです。三次元で生きる私たちは肉体に閉じ込められていますが、その外にも世界はあります。外の世界を身近に感知するには、地球を飛び出し、想像できる範囲でもっとも遠い場所から自分を俯瞰《ふかん》してみることです。

起床時や就寝前のリラックスした状態で行うと、イメージが膨らみやすいです。パラレルや多次元の存在を身近に感じられるようになるでしょう。

○やり方

（１）部屋の中で仰向けに寝る。

（２）体を抜け出し、天井から自分の寝姿を見るイメージをする。

（３）どんどん上昇する。

イメージの中で天井を超えてどんどん上昇し、自分の住む地域、町、地方、日本列島と、地球から次第に離れながら、遠ざかっていく自分の姿を眺める。

（４）遥か遠くから自分を見下ろすイメージをする。

大気圏を超え、遥か遠くの宇宙空間から地球を見下ろし、その中で仰向けに寝ている自分を想像する。

「今この瞬間」にフォーカスするワーク

このワークは、「ワーク」というより、日常の習慣として身につけていただきたい姿勢といったほうがいいかもしれません。

やり方は、いたって簡単。次のことを、日に何度も意識します。

○やり方

ことあるごとに「今この瞬間の自分」にフォーカスし続ける。

リラックスタイムでも、移動中でも、仕事中にふと手が空いたときでもできます。「意識的に今という瞬間を選んでいる自分」がいるという感覚は、新しい世界観を築き、パラレルシフトを起こしていく突破口になります。

常に、パラレルシフトの起点は「今」。次の瞬間は無限に広がっていて、その中から今よりも幸せな世界線、望む未来に近づく世界線を選んでいるのは、いつだって自分自身です。

「今この瞬間の自分」を忘れそうになったら、思い出す。その作業を繰り返し、自分の心にフォーカスする瞬間を増やす。**自分の意識には限りない可能性がある、未来は自分で選べる、という感覚が腹に落とせるまで、地道に続けましょう。**

いつも「今この瞬間の自分」を感じられるようになれば、パラレルシフトできるようになる以外にも、大きなメリットを得られます。どんなことが起きても動じなくなるのです。なぜなら、なにかアクシデントが起きたときにも、そこにとらわれるのでなく、望む世界線に意識を向け続けていられるからです。

ワークのコツと注意点

はじめに時間の「常識」を超えるワークをしました。次に過去の書き換えを行い、それから多世界の存在を改めて確認。最後に、多世界のうちのたった一つの特定のパラレルに自分が今いる感覚を丁寧に感じ取りました。

さまざまなワークをお伝えしましたが、もちろん一度に全部取り組もうとする必要はありません。

基本的には、一つ目のワークが最も難度が低く、ページが進むにつれて少しずつ奥が深くなっていきます。一つ目のワークが腑に落ちた感覚を得られたら、次のワークへコマを進めていくと、確実にステップアップして、パラレルシフトがより上手に行えるようになるはずです。

なお四つ目のワークは簡単そうに見えますが、三つ目までのワークがしっかりマスターできてから行えば、ワークの納得感がより大きくなります。

新たな価値観がだんだんなじんでくる

すべてのワークが腑に落ちると、これまでの「常識」とは異なる新たな世界観が、あなたにとっての「普通」になってきます。**そして毎瞬、毎瞬、パラレルシフトしている自分が「普通」だと確信できるようになります。**

早く願いを叶えたいと思うかもしれませんが、「急がば回れ」。焦りは禁物です。年齢、性別、育った環境、性格、趣向……誰一人として同じ人はいません。叶えたい望みや夢も人それぞれです。ワークに取り組む姿勢も、すべてのワークを完遂するまでにかかる時間や労力も、一人ひとり異なるでしょう。自分の状況やライフスタイルに合ったプロセスで進んでいきましょう。

誰一人同じ人はいませんが、すべての人に共通してお伝えしたいワークのコツが一つあります。それは「遊び感覚でやりましょう!」ということ。

楽しくなければ、何事も長続きしません。ワークを繰り返していくと、新しい世界観とますますなじんでいきます。継続が大切で、続けるにはワークそのものに楽しみを見出すのが一番です。

と同時に忘れてはいけないのが、私たちは肉体を持ってこの地球で暮らしているということ。

ワークに夢中になりすぎて、リアルな日常生活をおろそかにしないでください。地に足をつけて日々の生活を丁寧に営みながら、ふとした瞬間に、これらのワークに取り組む。そのくらいの力加減でいいのではと私は考えています。

新鮮な視点で日常を捉え、これまでの人生に新しい風を吹かせる助けになれば幸いです。

○ワークの注意点

- **真面目にならないこと。ゲーム感覚で楽しむ。**
- **進捗速度には個人差があると心得る。**
- **一回やってみて終わりでなく、日々繰り返し行う。**
- **リアルな日常生活をおろそかにしない。**

「引き寄せる」ではなく、望む世界に「飛ぶ」

ワークの効果を高めるための基本姿勢を、もう少しだけお伝えいたします。

たとえば、映画では人物や風景が動いているように見えますが、実際には、フィルムが一枚ずつ高速で動き、連続して映し出されているに過ぎません。**同じように、この世界で今流れている時間も、一瞬ずつのつなぎ合わせに過ぎない。しかも、次に映すフィルムは一枚だけでなく、たくさんのフィルムの中から自由に選択できる。**

この感覚を持つことが、違う世界線への意図的な移動が実感できるかどうかにつながります。

引き寄せとパラレルシフトはまったく別物

理想を叶えるために大事なのは、「引き寄せる」のではなく自ら望む可能性の世界へ「飛ぶ」感覚です。この二つは、似て非なるものです。

引き寄せるとは、運をこちらから手繰り寄せる感覚です。するとどうしても、願いの大きさによって難易度が変わってきます。小さな希望なら引き寄せられるのに、心からの大きな願望はいつまでも叶わないというのはよくある話です。

要は「引き寄せる」という発想自体が、その人の持つ心理的ブロックを超えられないのです。

しかし毎瞬ごとに違う世界線に飛ぶという感覚が得られれば、何度でも気軽にチャレンジでき、しかもチャレンジするたびに願望成就までの距離が少しずつ縮められるので、大きな願いであってもいつの間にか叶っていくのです。

いかに「コマ送りの世界」に流されず、違う可能性を選んで飛べるか。その意識を日々の中で強く持てば持つほど、世界線はあなたの思いどおりに伸びていくでしょう。

この章でご紹介したワークは、瞬間、瞬間を意識的に生きていくためのワークです。そして毎日に「気づき」という名の楔《くさび》を打ち込んでいくワークです。

お金も時間もかからず、あなたの脳内だけでできる作業です。あなたの毎瞬の取り組みが引き起こす変化を楽しみながら、願望成就への世界線を飛び続けていきましょう。

「引き寄せる」
（運を手繰り寄せる）よりも、
毎瞬ごとに違う世界線に
「飛ぶ」感覚が得られれば、
大きな願いでも
スムーズに叶っていく。

大願を叶えるときでも一飛びずつ

あなたが望む未来は、これから選ぶ飛び石の先にあります。紛れもなく、どこかに存在しています。

では、自分が進むべき世界線を進み、どうやってその未来に辿り着くかというと、とにかく日々の「意識的選択」を繰り返していくこと。それに尽きます。

自分が今どうしたいのか。どうありたいのか。どんな現実を選ぶか、つまりどの飛び石に飛び移るかを、いつも自分で選択してください。

この感覚がつかめるようになってきたら、パラレルのどこかにある望む世界を意識します。未来の豊かな自分、幸せな自分、夢が叶った自分……。

その飛び石はどこに位置しているのでしょうか。そこに行くには、次にどんな飛び石に移ればいいのでしょうか。

意識を集中させ、感覚を研ぎ澄ませて飛び石を選んでいけば、おのずと望む世界がクリアに見えてくるようになるでしょう。

そうしてあなたは、狙った飛び石へと的確に飛べるようになっていくのです。

今までどおり、漫然と日常に流されていくままでは、それなりの結果しか得られません。あなたの人生にいつも、意識と選択を介在させていきましょう。

ここで、意識的選択のコツをお伝えしましょう。

私たちがまだ幼かったころ、何気ない日常動作の一つひとつの中に、いつも興味、驚き、喜びがあったと記憶しています。それと同じような感覚で、日ごろの行動や思考にいつも新鮮な感性を乗せてみてください。すると、その瞬間の自分にしっかり集中できるので、正しい選択がしやすくなるのではないでしょうか。

空想だけでは パラレルシフトはできない

大きな願いを叶えたいとき、急に遠くの飛び石へ飛び移ろうとすると、当然ながら難度が上がります。ですから一気に飛ぼうとせず、小さな飛距離で一飛びずつ進んでいきましょう。

たとえば、年収を10倍にしたいと考えた場合、いきなりその世界線に行くのは非現実的です。そこへ辿り着くためには、何段階かのジャンプが必要です。最初は1割アップを目指すとことからはじめ、次に2割アップ、3割アップ、ときには思わぬアクシデントで収入が減ることもあったりしながら、結果的に目標を達成するというのが一般的なプロセスです。

いくら「意識が世界を作る」と言っても、年収1億を目指したいと「1億円を手にした自分」をイメージするだけでは現実は変わりません。それは単なる空想で、具体的な行動には結びつかないため、いつまでも世界線を移動できないままです。

空想とビジョンとは別物です。

なにかを空想するとき、そこには「できっこない」「自分には無理だ」という深層心理が潜んでいます。

一方のビジョンは必ず実現できるという実感が伴われ、そこへつながる世界線も見えます。

人は誰もが無限の可能性を秘めている

ワークを続けていくと、次の飛び石を見つけるセンスと、跳躍力が培《つちか》われていきます。次々とパラレルを移っていく実感が出てきて、理想へと伸びている正しい世界線にいると信じられます。

パラレルシフトをマスターすれば、理論上は、どんな願いを叶えることも可能です。極端な例ですが、たとえば、遠く離れたパラレルにシフトすれば「世界の富を独り占めする実業家」にも「フォロワー20億人の世界一のYouTuber」にも「はじめて火星に到達した宇宙飛行士」にもなれるのかもしれません。

しかし私としては、これまでの経験上、あくまでもパラレルシフ

トは「現実の人生をよりよく生きるため」にあるのではないかと考えています。

生まれた目的を達成するためのパラレルシフト

誰しも、生まれ持った人生でなすべき使命、その人が設定してきたテーマがあります。人はみんな、自分の一生涯をかけて、そのテーマに取り組むことになっています。パラレルシフトは、その使命やテーマにしっかり向き合って、この世に生まれてきた真の目的を果たすための後押しのようなものではないでしょうか。

人生の限られた時間の中で、叶えたい願い、持って生まれた願いを成就させるために、私たちは毎瞬ごとに着実に飛び石を選び続けるのです。

第 6 章

私が予感している未来の世界

心地いい「ムラ」によって未来は形成される

パラレルシフトを学ぶ旅も最終段階に入りました。ここからは視野を広げて、私なりの未来予測についてお話しします。

脱メディア化が進んで、個人が独自に情報をキャッチし発信する時代に入り、今後、価値観の多様化はますます進むでしょう。

その結果、「ムラ社会」が訪れるのではと私は考えています。「ムラ」とは、同じ価値観を共有した仲間で形成されたコロニー（生活共同体）的な場。社会に対する考え方や人生観を同じくする人間が集まり、強固なつながりを持つ。そしてその中で、独自の経済活動や産業、文化が生まれていく。それが、ムラのイメージです。

一極集中の「マスの時代」が終わり、各地にさまざまな価値観の

ムラが生まれていく。言い換えれば、それは同じ価値観を共有する人としか交わらない社会の到来を意味します。

価値観や生き方が合う人とつながろう

ムラ社会が本格化するのは、おそらく50~100年後でしょうか。そのころには、今は未知数である仮想通貨が有益な形で循環するようになり、フリーエネルギーや新しいタイプの農業も現実化。ムラの中で経済が完結する時代が訪れるのではないかと私は想像しています。

オンラインサロンや、自給自足を目指すエコビレッジなど、言うなれば〝仲間ビジネス〟の隆盛を見る限り、その萌芽はすでに現れていると言えるでしょう。

そこで、私から提案です。これからの時代はより積極的に、同じ価値観を持ったコミュニティに参加したり、自分の興味や関心を共有できる仲間とつながったりしてみてはいかがでしょう。自分の属したいムラを探したり、場合によっては自分で作ったりして、周囲と心地よい関係を築いていくのです。

あなたの知見をより深めたり、悩みを解決したりするには、そういった環境が重要な役割を果たします。またあなた自身も、誰かの役に立つチャンスを容易に得られます。

すでにムラ社会化ははじまっている

これから世界は多極化していきます。**ムラ社会の前段階として、一人ひとりの価値観や世界観によって人間関係の振り分けが起こり、おのずと似たような人たちでのグループが形成されていきます。**

たとえばYouTubeやXなどのSNS、ニュースサイト、ショッピングサイトなどのネットの世界では、もはや自分の興味のある情報しか画面に表示されませんよね。自分の欲しい情報以外のコンテンツ、自分のつながりたいタイプ以外の人と出会うことは非常に困難な状況です。私たちの気づかないうちに、世界のムラ社会化は着々と進められているのです。

自分が心地いい生き方を選んでいれば、自動的に、あなたと似たような人が周囲に集まってきて、心地いい生き方が叶います。

もし「常識」に従った生き方を選んでいれば、「常識」のとおりに生きている人たちが周囲に集まって、「常識」に沿った生き方をし続けることになります。

あなたにとって理想の世界線へ、ともに飛び移っていける仲間とつながれば、スムーズに心地いい未来へと移行していけます。

生きづらさが反転する世界線

今、私たち大人が学ぶべき人たちがいます。それは、子どもたちや10～20代の若い世代です。彼らの感性や生き方は、新しい時代の人の生き方、在り方を示しているかのようです。

たとえば、「レインボーチルドレン」や「スターチルドレン」と呼ばれる子どもたちがいます。彼らは、生まれる前やほかの星にいたときの記憶を持ったまま、生まれてきた子どもたちです。

私は取材活動を通して、おおぜいのそうした子どもたちに会ってきました。**彼らは古い価値観にとらわれることなく、自身の感性や思いを大切にしながら生きています。**中には、拙著『レインボーチルドレン－宇宙の申し子－』（ヴォイス）でも紹介した琉生《るい》くんのように、実年齢からは考えられない哲学的な示唆に富む発言をする子どももいます。

Z世代と呼ばれる若者たちの存在感も見逃せません。彼らは、他者との共存や多様性をとても大事にしています。また、仕事とプライベートをはっきり分け、お金やものへの執着もありません。

彼らは今後、彼らなりの仕事観、社会観、人生観に従って、新しい時代を作っていくだろうと思います。

新旧の生き方の違いがひずみを生む

そうした希望を感じる一方で、今、子どもや若者の生きづらさが大きな問題となっているのも現実です。彼らの新しい感性と、古い時代の価値観やシステムで動く現代社会。両者の狭間では、どうしてもひずみが生まれてしまいます。そのひずみは、彼らの自己肯定感の低さ、生き苦しさとなって表れています。

現時点ではまだまだ、「社会に適応できない彼らに原因がある」と考える人が多数派かもしれません。**「我慢」や「横並び」が長らくあたりまえだった世の中では、若い世代が自分らしく生きていくのは、残念ながらまだ難しいのです。**

若い世代に
未来のヒントを学ぶ

しかし私は、その状況が逆転する日が遅かれ早かれ訪れると考えています。

自分の感性を大事にする生き方が主流になり、お互いが相手を認め合う。多様な生き方が増える一方で、似たような価値観の人とつながり合っていく。現代と反転した未来の世界線では、今生きづらさを抱えている子どもや若者たちが、いきいきと活躍している可能性が高そうです。

もちろん、過去を否定したいわけではありません。今の日本の繁栄があるのは先人たちのおかげであり、大人世代が懸命にがんばってきたからです。ただ、繰り返しになりますが、古い固定観念に縛られていると、時代の変化に取り残されてしまいます。大人世代にとっても、今の世の中はけっして生きやすい状況ではありません。

子どもや若者たちがのびのびと生きられる世界は、大人にとっても、誰にとっても生きやすいはずです。そんな世界へと私たちが歩み寄っていけば、結果的に、多くの人にとって心地よい世界へとつながっているでしょう。

幸せな未来のヒントは、新しい世代が持っています。そんな目線で彼らの生き方を見てみると、新たな気づきがありそうです。

個人の輝きが世界を輝かせる！

時代が急速に進化し、今、私たちがシフトできる世界線の選択肢がどんどん増えているのを感じます。

たとえば以前は、どこかの企業に就職することも、その就職先で終身雇用されることもあたりまえ。毎日の通勤ラッシュもあたりまえでした。一人ひとりの自由意志による選択など、おそらくほとんどなかったのではないでしょうか。しかし今は、転職、起業、在宅勤務、すべて普通のことです。自分の意志で地方に移住したり、海外を気ままに移動したりしながら働く人も増えています。

働き方一つとっても、こんなに自由になっているのです。これは、多くの人が世界のしくみに気がついて、新しい生き方を選びはじめているからでしょう。

地球上のあらゆる人たちは、無意識化にある「集合意識」でつながっています。固定観念を手放し、自分の可能性を広げようと行動する人がさらに増えれば、その傾向はより加速していくでしょう。すると、自分の望む世界線にさらに飛びやすくなるはずです。

私たちは誰もが未来のクリエイター

自分を変えようとする行為は、周囲の環境や人にも大きな影響を与えます。それどころか、地球全体に及びます。集合意識では全人類がつながっていると考えれば、大いに納得できることです。

これからあなたが選ぶ輝ける未来は、地球の輝ける未来につながります。

「いいや、地球では、こんなにネガティブなことが起きているではないか！」「地球が輝いている未来があるなんて、とても想像できない！」そういった悲観的な意見もあるかもしれません。

しかし、思い出してください。

私たちが今生きている現実世界は、無数の飛び石のうちのたった一つに過ぎません。その石の周りには、無限の「可能性の世界」が広がっているのでしたよね。

この世界は私たちが作っている

世界は、私たちの意識が作っています。私たちは、この三次元世界を成り立たせている主役です。誰もが尊い一つの意識体であり創造主。言わば「神」です。

そんな存在たちが、意識を全集中させて、次の飛び石を決め、ジャンプし続けています。その繰り返しこそが望む未来への移行を可能にするのだと、私たちはこの本をここまで読み進め、じゅうぶんに学んできました。

未来を作るクリエイターとして（神として！）目覚めましょう。自分自身を幸せにする世界線を日々選択していきましょう。今この瞬間のあなたの選択は、あなただけでなく地球全体の幸せという世界線につながっていきます。

あなたは自分の意思で、数限りなくある世界線の中から、この世界線を選んで「今この瞬間」まで辿り着きました。

私たちの輝かしい未来に向かって、ここから、ともにパラレルシフトしていきましょう！

おわりに

読者の皆さん、ここまでお読みいただきありがとうございました。

「それでも、地球は回っている」とは、かつて宗教裁判で異端児扱いされたガリレオがつぶやいたとされる有名な言葉です。

今でこそ「地球は太陽の周りを回っている一つの惑星に過ぎない」という事実は、自明の理となっています。しかし、中世キリスト教の世界観では、地球が万物の中心であるとする天動説が、当然のこととして信じられていました。

ガリレオが唱えた地動説は、物事の見方を180度変えてしまう世界観だった。ゆえに、彼は激しく弾圧されたわけです。しかしその後、この世界観のコペルニクス的転回が、科学の発展に大きく寄与したのは言うまでもありません。


時間は過去・現在・未来と直線的に流れているのではなく、瞬間瞬間の連続である。

この宇宙には無数の世界線が存在している。

その中のどれを選択するか次第で、今いる世界線とは別の世界線へと自由に飛ぶことは誰にでもできる。


これまで繰り返し述べてきたこのパラレルワールドの概念は、今の「常識」では異端扱いされるのかもしれません。

しかし、かつて起きたコペルニクス的転回のように、この概念は、従来の価値観・世界観を大きくくつがえす可能性を秘めていると私は考えています。

天動説を信じ切っていた人々がはじめて地動説を知ったとき、すぐにはうなずけなかったでしょう。それと同様に、まったく新しい概念は、たとえそれが正しくとも、にわかには受け入れがたいものです。

けれどパラレルワールドの概念は、私たちの人生観をガラッと変え、あと10年も経てば、ごくあたりまえになっているはずです。

1冊の本、1行の文章が人生を変えることがあります。私はこれまで、何度もそのような体験をして、たくさんの飛び石を経由して、今このパラレルに辿りつきました。

この本で書き記してきた言葉が、あなたにそのような変化をもたらせたとしたら、これほど嬉しいことはありません。本書があなたにとって、今までの「常識」の枠を超え、新たなる可能性の世界の扉を開くきっかけになりますように。

本文中に「Ａ氏」として登場していただいた秋山眞人《あきやままこと》さん、本書の制作に多大なご協力をくださいました江藤ちふみさん、よしだみさこさん、ＫＡＤＯＫＡＷＡの伊藤頌子さん、常に活動をサポートしてくれる家族、そしていつも応援してくださる皆さんに、感謝申し上げます。

私とあなたの世界線が、輝く未来で再び交差する瞬間を楽しみにしています。

著者

天日矛

（あめのひほこ）

啓蒙系インフルエンサー、経営者、元神主。1962年、福岡県生まれ。熊本大学哲学科卒（科学哲学専攻）。スピリチュアルでも都市伝説でも宗教でもない独自の世界観で真理にアプローチする姿勢が支持され、講演や著作で人気を博す。主な著書に『レインボーチルドレン ‐宇宙の申し子‐ 』（ヴォイス）、『TIMEWARP 未来からの訪問者』（東京ニュース通信社）など。

YouTube　@amenohihoko
X（旧Twitter）　@ameno_hihoko
公式サイト　https://amenohihoko.com/

（2024年8月現在）

パラレルシフト
誰《だれ》でも自在《じざい》に世界線《せかいせん》を選《えら》べる

2024年9月19日　初版発行

著　天日矛《あめのひほこ》
発行者　山下直久
発行　株式会社KADOKAWA
〒102-8177　東京都千代田区富士見2-13-3
電話0570-002-301（ナビダイヤル）

印刷所　TOPPANクロレ株式会社
製本所　TOPPANクロレ株式会社

【お問い合わせ】
https://www.kadokawa.co.jp/（「お問い合わせ」へお進みください）
※内容によっては、お答えできない場合があります。
※サポートは日本国内のみとさせていただきます。
※Japanese text only

定価はカバーに表示してあります。

ISBN 978-4-04-607058-6 C0095